资助项目：

湖南师范大学政治学省级重点学科、湖南师范大学博士科研启动基金、

湖南省社科基金（15YBA259）、国家社会科学基金重大项目（13&ZD044、15ZDA048）、

国家社会科学基金重点项目（12AZD110）、国家社会科学基金西部项目（11XRK006）

RESEARCH ON

THE RIGHT OF
RURAL-URBAN MIGRANT WORKERS BASED ON
THE PERSPECTIVE OF CITY INTEGRATION

城市融入视角下的
农民工权利研究

刘茜　杜海峰　/　著

社会科学文献出版社
SOCIAL SCIENCES ACADEMIC PRESS (CHINA)

摘　要

　　农民工市民化是中国城镇化建设的核心和关键，城市融入是市民化的本质，政治融入是经济融入、社会融入的制度保障，是农民工在城市获得平等权利的重要体现。随着城镇化战略的提出和户籍制度改革的全面推进，农民工政治融入的外部政策环境发生了巨大的改变。三十多年来的城乡流动造成了农民工群体在社会化过程中的结构性分化，我国城乡二元社会政治经济制度安排对农民工的政治融入产生了重要影响。城镇化的政策调整在制度设计上体现了政府对农民工在城市中缺乏政治权利的重大关切，但是事实上农民工的政治融入状况如何？农民工能否真正实现政治融入？这些问题还有待深入研究。目前，有关政治融入的研究主要从实现政治权利入手，结合社会经济的情境因素加以分析，尚不能很好地满足新形势下农民工政治融入的研究需要。整合新的理论要素，结合农民工的现实特点全面分析农民工政治融入的现状及影响因素具有重要的理论与现实意义。

　　本书利用 2012 年 4 月至 5 月由西安交通大学公共政策与管理学院流动人口课题组与国家统计局陕西省调查总队联合在陕西省 X 市进行的农民工调查数据，采用多元回归模型系统地分析了农民工政治融入的现状及影响因素，提出了旨在促进农民工政治融入、推进中国城镇化建设的政策建议。本书主体内容分为四个部分。

　　第一部分是总论，主要介绍本书的研究背景、概念界定、研究目标与内容、数据与方法以及章节安排，并且对国内外主要理论和研究成果进行系统的梳理、总结和评述，提出本书的研究空间。

　　第二部分是理论研究，在已有研究的基础上，结合中国特殊的社会情境和农民工群体的现实特征，提出城镇化背景下农民工政治融入的概念和分析框架。

　　第三部分是实证研究，首先，从政治认知、政治参与和政治信任三个维度全面揭示农民工政治融入现状，初步检验三个维度之间的关系；其次，基于农民工政治融入的分析框架，结合政治认知、政治参与以及政治信任的已有研究，细化分析框架并提出假设，分别探讨政治认知、政治参与和政治信任的影响因素，为促进农民工政治融入提供政策干预的方向。

第四部分则是结论与政策建议，主要基于本书的实证结论，结合我国目前流动人口服务管理政策，提出有针对性的政策建议，并指出未来的研究方向。

Abstract

Citizenization of rural-urban migrants is the core and hinge of China's urbanization. City integration is the essence of citizenization. Political integration Provides institutional assurance for economic and social integration, and reflects the rural-urban migrants' right in city. With the proposal of urbanization strategy and comprehensive promotion of household registration system reform, the external policy environment of rural-urban migrants' political integration is undergoing tremendous change. Rural-urban mobilization over the past 30 years has given rise to the structural differentiation of rural-urban migrants during the socialization course. The dual social, political and economic systems in rural and urban China are becoming increasingly unfavorable for the survival and development of vulnerable groups, severely influencing the political integration of rural-urban migrants. As for the system design, the urbanization policy adjustment embodies the government's great concern for the lack of political rights of rural-urban migrants in cities; however, what about the actual political integration of rural-urban migrants? Can they truly realize political integration? Further study is required. Currently, researches on political integration mainly focus on realization of political rights by combining social and economic conditions, which can hardly satisfy the demand of study on rural-urban migrants' political integration. Comprehensive study on the status quo and influence factors of rural-urban migrants' political integration by integrating new theories and combining the reality of rural-urban migrants is of great theoretical and practical significance.

Based on the rural-urban migrant survey carried out jointly by the floating population project team from the School of Public Policy and Administration of Xi'an Jiaotong University and NBS Survey Office in Shaanxi in April and May of

2012, and by adopting the multiple regression model, the paper systematically analyzes the status quo and influence factors of rural-urban migrants' political integration, and proposes policy suggestions aiming at promoting rural-urban migrants' political integration and advancing China's urbanization. There are four main parts in the book.

This first part is the introduction, which mainly introduces the research background, concpet definition, research objective and content, data and methodology as well as chapter arrangement. Besides, it also conducts systematic sorting, summary and review on main theory and research results both home and abroad, and proposes the potential research room of the book.

The second part is the theoretical research. On basis of existing research, and by combining the special social context of China as well as the realistic features of farmer worker group, it proposes the concept of political merger of rural-urban migrant workers as well as the analysis framework.

The third part is the empirical research. First, it makes an overall reveal of the status quo of the political merger of rural-urban migrant workers from three aspects, namely political recognition, political participation and political trust, and preliminarily tests the relationship among the three elements. Second, based on the analysis framework of the political merger of rural-urban migrant workers and combing the existing research on political recognition, political participation and political trust, it breakdowns the analysis framework and proposes the assumption. It also explores on the influential factors of political recognition, political participation and political trust, pointing the direction for political interference in order to promote political merge of rural-urban migrant workers.

The fourth part is the conclusion and policy implication. Based on the imperial concluding of the book and by combining the status quo of service management policy of floating population, it proposes pertinent policy suggestion and points out the direction for future research.

目　录

第三篇 实证研究

第四篇　结论与政策建议

CONTENTS

Part 1　Introduction

Part 2　Theoretical Research

Part 3   Empirical Research

第一篇　总　论

本篇作为本书研究的总论，共分为两章。第一章主要介绍了本书的研究背景、概念界定、研究目标、研究内容、研究方法、数据来源以及章节安排。第二章对本书所涉及的国内外相关研究综述进行评述，系统地阐述了本研究所涉及的各种相关理论，国外移民政治融入的研究进展和目前农民工政治融入的研究状况。

第一章 绪 论

本章主要对本书的研究背景、主要概念、研究目标与内容、数据与方法以及章节安排进行介绍。

第一节 研究背景

一 现实背景

农民工的城市融入问题不仅已经成为当前中国城镇化建设的关键问题之一（悦中山，2011），而且也是影响我国政治稳定和社会和谐的重大战略问题（刘建娥，2014a）。有学者认为政治融入是多维度城市融入的最高层次（悦中山，2011），只有实现了政治融入，城市融入才算真正完成。还有学者把政治融入定位为承接城市融入中经济融入和社会融入维度的中间环节，是其他融入维度的制度保障，只有实现了政治融入才可能进入城市融入的实质性阶段（刘建娥，2014b）。总之，政治融入是农民工城市融入中不可或缺的重要内容，而要完成农民工融入城市社会这个重要的历史使命，政治融入问题是不可回避的。

中国农民工政治融入的本质是由无权的陌生人变成有权的城市政治共同体成员的过程，并在此过程中增加对城市政治体系的认同。政治融入的过程也体现出农民工在城市获取权利的过程。然而现阶段，大部分农民工被排除在城市政治体系之外，陷入政治认知模糊、政治参与不足和政治信任缺失的困境之中（朱煜等，2012）。农民工专项调查发现，接近一半的农民工对与自身利益密切相关的政策仍然很陌生，在城市中参与过选举的比例仅为22.34%，还有71.68%的表示没有参加过（朱煜等，2012）；他们对城市政府的信任也明显低于当地市民（汪汇等，2009）。政治知识的匮乏让其受侵害时求助无门，难以采取制度化的途径去维护自己的利益。而政治

3

利益表达权利的缺失则很可能会导致政治冲突、群体性事件的发生（刘建娥，2014a）。另外，政治信任的缺失会直接影响城市政府公信力的建设。这些都为城市的社会稳定和公共安全埋下隐患。

历时三十多年的人口流动，让中国流动人口的数量、结构发生了重大变化。1995 年全国约有 8000 万农民工在外打工，而到 2014 年，国家统计局公布的《2014 年国民经济和社会发展统计公报》显示外出农民工已经超过 1.68 亿人。农民工在城市人口中的比例逐年增加，他们已经成为城市人口很重要的组成部分。他们的政治融入问题也已经成为限制城市民主政治发展的重要因素。近年来，新生代农民工逐渐成为农民工群体的主体，这种代际转换带来的农民工群体的结构性调整引致其整体的价值取向、行为模式以及社会态度等方面发生变化（李培林、田丰，2011）。其一，父辈外出打工改变了农民工传统的社会化过程，不少新生代农民工有过留守和随迁的经历。这对农村的传统政治文化传承产生了巨大的冲击，改变了政治文化的形成路径，从而影响农民工子女成年后的政治行为取向。其二，随着家庭迁移的增多，农民工群体对公共服务需求日益增多，如子女教育、父辈养老等（国家人口与计划生育委员会流动人口服务管理司，2013）。其三，随着农民工整体教育水平的提升，农民工政治权利意识逐渐增强，超过半数的新生代农民工表示经常关心国家大事、时事社会新闻等（国家人口与计划生育委员会流动人口服务管理司，2013）。这些都促使农民工群体的诉求开始逐渐从经济转向政治（刘建娥，2014a）。由于城市社会的政治文化现代化进程走在农村的前列，城乡流动将进一步加快农民工政治文化现代化转变的速度（徐增阳，2004）。这种现代的公民文化促使人们逐渐变为一个理性、积极而忠诚的公民（阿尔蒙德、维巴，2014）。这一趋势契合了农民工政治融入发展的核心内容。政治文化现代化的加速必将带来农民工政治融入需求的增加。

随着城镇化战略的提出和户籍制度改革的全面推进，农民工政治融入的外部政策环境发生了重要的改变。流动人口基本公共服务均等化政策要求通过创新社会管理体制，对公共服务资源进行合理配置，逐步消除流动人口在就业、社会保障、政治权利等方面与城市市民之间的差距（国家人口与计划生育委员会流动人口服务管理司，2011）。这在一定程度上反映出城镇化的政策调整在制度设计上体现出政府对农民工在城市中缺乏政治权利的重大关切。另外，十八大报告也指出："充分发挥群众参与社会管理的基础作用。完善和创新流动人口和特殊人群管理服务。正确处理人民内部矛盾，建立健全党和政府主导的维护群众权益机制，……畅通和规范群众诉求表达、利益协调、权益保障渠道。"把建立群众的政治参与机制、政治权利表达渠道以及民主权利实现等作为政治民主建设的重要任务。而作为城市人口重要组成部分的农民工群体的政治权利，也理应成为城市民主建设的重要内容。这为农民工城市融入中的重要一环即政治融入在制度上给予了重要的保障。

实际上，从中国现行的政治权利制度可以看出，农民工在城市本身就具有一定的政治权利。《中华人民共和国城市居委会选举法和组织法》第八条明确规定"年满18周岁的本居住地区居民，不分民族、种族、性别、职业、家庭出身、宗教信仰、教育程度、财产状况、居住期限，都有选举权和被选举权"。此外，各地政府在人大选举中也有类似规定，如《陕西省县乡两级人民代表大会代表选举实施细则（修正）》中的第五章第三十四条规定"户口不在现居地的人员，凭户口所在地的选民证明，可以在现居地进行选民登记"。这些都表明了农民工在城市的政治参与权利。但是这个权利的实现一方面需要农民工具备一定的经济实力，如在城市购买固定的居所，以及负担返回户籍所在地开取证明的费用等；另一方面需要农民工具备一定的政治行为能力和政治参与意愿。这些限制条件最终造成绝大多数农民工的政治权利难以实现。由此可见，即使在政策上有了规定，但是由于政策的可操作性较差，农民工的实际政治权利行使情况仍然不理想。虽然城镇化政策已经注意到农民工在城市的政治权利缺失问题，但是更具体、可操作化的政策仍然没有出现。农民工依旧被排除在以户籍制度为基础的一系列城市社会福利、社会保障体系以及政治权利体系之外。这也反映出城镇化制度在政治权利方面的改革依然滞后于日益增长的农民工群体的政治需求。而从国家民主建设的要求来看，农民工政治权利的实现是一个必然的发展趋势。所以，本书试图从农民工群体自身出发，深入探讨农民工政治融入的现状及影响因素，反思农民工在政治民主建设过程中存在的问题，为完善中国城镇化政策提供启示。

二 理论背景

现阶段农民工政治融入仍是一个新兴的概念，大多数学者将其视为城市融入或农民工市民化的一个维度，专门的政治融入研究仍然偏少。为数不多的研究多采用赋权理论的观点对其进行定义，把农民工视为城市的无权群体，需要通过政府赋权实现其政治融入（刘建娥，2014b）。但是无论从目前的法律规定来看，还是从实际的农民工群体的政治权利实践来看，他们在城市中都是有一定政治权利的。基于赋权理论的假设与现实并不完全相符。同时，政治参与仅是农民工政治融入在行为层面上的反映，不能够涵盖其全部内容。所以本研究将结合中国农民工的现实特征，从政治认知、政治参与和政治信任三个维度对农民工政治融入的概念进行修正，试图建立一个更科学、更符合中国城镇化现实情境的概念。构建农民工政治融入的概念是当前中国农民工政治融入研究的重要努力方向，是深入剖析农民工政治融入现状及影响因素的基础。

目前对农民工政治融入的解释主要依据社会资本理论和社会化理论。从社会资本理论的应用来看，其解释已经覆盖了基本的社会资本维度即关系网络、组织参与和社会信任，但是没有把政治社会资本这一因素考虑进来。而社会化理论则几乎完全继承了国际移民的研究，以流动时间和政治文化为主要的预测变量。事实上，不论是外部社会环境，还是农民工群体内部结构都已经呈现出与国际移民完全不同的特性。直接借鉴国际移民的研究经验去研究中国农民工问题会造成部分解释的盲区，忽略一些关键特色变量的作用，如中国特色的制度环境、农民工的留守随迁经历等。与此同时，现阶段对于农民工政治融入理论的研究还十分缺乏，尚未出现一个系统的理论解释框架。因此，本研究认为有必要从中国社会情境和农民工现实特征出发，对已有研究理论进行修正，建立适用于中国农民工政治融入的分析框架，用以全面系统地揭示农民工政治融入的影响因素，进而完善和丰富中国农民工政治融入的相关理论研究。

最后，农民工政治融入的实证研究仍然比较薄弱，现有的实证经验基本来自对政治参与的解释，而政治认知和政治信任的影响因素研究还十分缺乏。从已有影响因素的研究结果来看，目前研究主要是从社会资本、社会经济地位、流动经历、政治文化、人口特征等展开，而制度排斥、社会排斥、留守随迁经历等一系列关键性影响因素还未被验证。这些都为本书的研究预留了空间。

第二节　概念界定

一　农民工

现阶段学术界对从农村流动到城市的人口仍然缺乏一个专门性的定义，大多冠以"农民工""农村转移人口""进城务工人员""乡城流动人口""流动民工"等称谓。"农民工"实际是"农民合同制职工"的简称（国务院，1991），是指保留农民身份的，并且在城市从事工业活动的人（贺汉魂、皮修平，2006）。李培林（1996）提出"流动民工"是指"在地域上从农村向城市、从欠发达地区向较发达地区流动，在职业上从农业向非农产业流动，在阶层上从低收入的农业劳动者向较高职业收入工业及服务业流动"。还有学者提出了类似的概念但并不完善，因为农民工是一个正在崛起的新工人阶层，包括的范围很广泛（王春光，2005）。本书将研究对象界定为城市外来农村流动人口，简称农民工，即指从农村流入城市，在城市就业或居住的，并依旧持有农村户口的人口。

二　政治融入

政治融入最早是在 Gordon（1964）社会融合的七维度之一的"公共事务融入"（Civic Assimilation）的基础上提出来的。在 Gordon 的研究之后，不同研究者根据各自不同的理解对此概念进行了很多扩展和延伸，主要包括以 Garcia（1987）等为代表的"社会适应观"，和以 Grebler（1966）等为代表的"政治权利观"。虽然社会适应观和政治权利观均是以社会融入理论为基础，但是两者关注的角度不同，概念呈现出比较大的差异。其中，社会适应观关注移民从政治价值观念、政治信仰、政治情感以及政治行为等方面逐渐适应主流社会的过程，强调政治共同体的凝聚力（Garcia，1987）；政治权利观关注移民在迁入国的政治参与情况，强调移民政治权利的实现（Garcia，1987）。纵观政治融入两个概念的应用可知，社会融入观被大多数西方学者所采纳，其概念内涵较丰富，包含政治文化适应、政治参与和政治信任三个维度（Garcia，1987）；政治权利观则仅关注政治参与情况（Grebler，1966）。中国的农民工研究主要以赋权理论为基础，把农民工作为城市的无权群体，强调政府应该赋予农民工与市民相同的政治权利（刘建娥，2014b）。事实上，从中国相关法律、政策的规定和农民工实际在城市的政治参与实践来看，基于赋权理论的假设与现实并不完全相符。而政治权利观的内涵相对较窄，缺乏对政治心理层面的解释，因此，本书将主要借鉴社会适应观的研究来构建农民工政治融入的概念。

此外，与国际移民相比，中国农民工是近三十多年以来国内流动和二元社会制度构建的特殊群体，他们与市民群体的差异主要来自户籍制度以及户籍制度带来的累积效应（朱力，2003；徐琴，2008）。农民工城乡流动属于典型的国内流动，城乡两地拥有相似的政治文化价值观。因此，政治文化维度并不适用于农民工政治融入的研究。而公民权益、公共服务仍以户籍制度为基础，农民工与城市政府利益关系淡薄，缺乏关心、了解城市政府的动力，这致使其政治认知水平普遍低下。因此，本书认为政治认知可能是农民工政治融入发展的关键桎梏要素。

据此，本书借鉴"社会适应观"的概念，结合中国农民工的现实特征，把农民工政治融入定义为：农民工在政治认知、政治参与和政治信任上由陌生人逐渐向城市政治共同体成员转变的过程。

第三节　研究目标与内容

本书旨在将国际移民政治融入的理论引入农民工问题的研究中来，构建一个适合中国农民工政治融入的理论框架，全面系统地揭示其影响因素，讨论农村的早期社会化、城市的再社会化以及农民工政治文化现代化对政治融入三个维度的影响方向和作用强度，并为推进农民工政治市民化和中国城镇化建设提供政策建议。具体研究过程将围绕以下分目标展开。

首先，结合中国特殊社会情境和农民工群体的现实特征，辨析农民工政治融入的概念，明确其定义、维度及维度之间的关系，并实现操作化。

其次，基于已有政治融入的相关理论，通过对中国社会情境和农民工群体特性的分析，提出适用于中国农民工政治融入的分析框架。

再次，分析农民工政治融入的现状，从政治认知、政治参与和政治信任三个维度全面揭示农民工政治融入的现状，分析处于政治边缘化的群体特征，并对处于不同生命阶段的农民工政治融入进行研究，推断农民工政治融入未来可能的发展趋势。

　　此外，研究城镇化背景下农民工政治融入的影响因素。通过分析农村的早期社会化、城市的再社会化以及政治文化对政治认知、政治参与、政治信任的作用，识别政治融入的关键影响因素。

　　最后，在完成上述研究目标的基础上，本书将根据理论和实证研究结论，从公共政策层面探讨可行的干预路径和政策建议。

　　基于研究目标，本书在总结农民工群体特征和中国社会特殊情境的基础上，构建城镇化背景下中国农民工政治融入的概念和分析框架，并采用2012年X市农民工调查数据对理论框架进行验证，进而对政治认知、政治参与和政治信任三个维度的现状及影响因素进行系统的研究。根据研究背景，结合研究问题与研究目标，本书的具体研究内容如下。

　　第一，对与本研究主题相关的已有理论研究、实证分析进行总结、归纳和评述。本书首先总结了政治融入研究的相关理论，为政治融入的概念构建和影响因素分析提供理论基础；其次，从国际移民政治融入的概念和实证研究两方面回顾国际移民政治融入的研究进展，总结目前国际移民政治融入研究的特点和局限性；最后，梳理中国农民工政治融入的研究现状，从概念和影响因素研究两方面展开，发现研究的不足，指出未来的研究空间。

　　第二，在评述现有研究、明确本书研究空间的基础上，结合中国特殊的社会情境和农民工群体的现实特征，提出城镇化背景下农民工政治融入的概念和分析框架，并揭示农民工政治融入的总体特征。首先，本书通过对已有文献资料的总结，指出农民工群体的现实特征，辨析已有政治融入概念的适用性，选出概念构建的理论基础，进行定义和维度的设计，并通过质性访谈数据展开探索性验证，然后进行操作化。其次，对已有政治融入的解释理论进行辨析，总结出移民政治融入的一般解释框架，并基于中国特殊社会情境和农民工特征对一般性解释框架进行修正，提出适用于城镇化背景下农民工政治融入的分析框架。

　　第三，根据农民工政治融入的维度和操作化，利用2012年X市农民工调查数据，本书从政治认知、政治参与和政治信任三个维度上全面勾勒当前农民工政治融入的现状，利用交叉表分析初步检验三个维度之间的关系，分析处于政治边缘化的群体特征，并从生命时间（年龄）、社会时间（家庭状况）和历史时间（政策变迁）三方面勾勒农民工处于不同生命阶段的政治融入的基本特征，推断随着年龄的增长农民工政治融入可能的发展趋势。

第四，在政治融入分析框架的指导下，细化农民工政治认知的分析框架并提出研究假设，利用 2012 年 X 市农民工调查数据，从政治意识和政治知识掌握两个指标上，对已有的框架进行实证检验，探讨农村的早期社会化、城市的再社会化以及政治文化现代化对政治认知的影响情况；比较两个指标影响因素的异同，识别农民工政治认知的关键影响因素及影响路径。

第五，在政治融入分析框架的指导下，细化政治参与分析框架并提出研究假设，利用 2012 年 X 市农民工调查数据，从选举型政治参与和非选举型政治参与出发对已有的框架进行实证检验，探讨农村的早期社会化、城市的再社会化以及政治文化现代化对农民工政治参与的影响情况，检验政治认知与政治参与的作用关系；比较两种政治参与影响因素的异同，识别关键影响因素以及影响路径。

第六，在政治融入分析框架的指导下，基于政治信任的已有研究，细化分析框架并提出研究假设，利用 2012 年 X 市农民工调查数据，从政府机构信任和政府人员信任出发对已有的框架进行实证检验，探讨农村的早期社会化、城市的再社会化以及政治文化现代化对农民工政治信任的影响情况，检验政治认知与政治信任、政治参与和政治信任之间的作用关系；比较政治信任两个方面影响因素的异同，识别关键影响因素以及影响路径。

第七，本书的研究结论与政策建议。这部分主要是总结农民工政治融入的研究发现，并根据已有发现提出政策建议。

需要说明的是，虽然政治认知、政治参与和政治信任之间存在着一定的递进关系，但是由于它们反映的是农民工政治融入的不同方面，并且其形成过程具有明显的差异，因此需要分别对其进行研究。具体来看：首先，政治认知反映的是农民工对城市政治体系的了解深度以及关心程度，更多地受到个人意愿和行为的限制；其次，政治参与反映的是农民工在客观行为上嵌入城市政治体系的程度，更多地受到现实制度环境和生活境遇的制约；最后，政治信任反映的是农民工在主观心理上对城市政治体系的认同度，更多地受到政府行为的作用。鉴于内涵和制约因素的差别，本书将从这三个方面分别展开研究，力图更全面系统地发现政治融入的影响因素。

本书整体的研究框架和思路如图 1-1 所示。

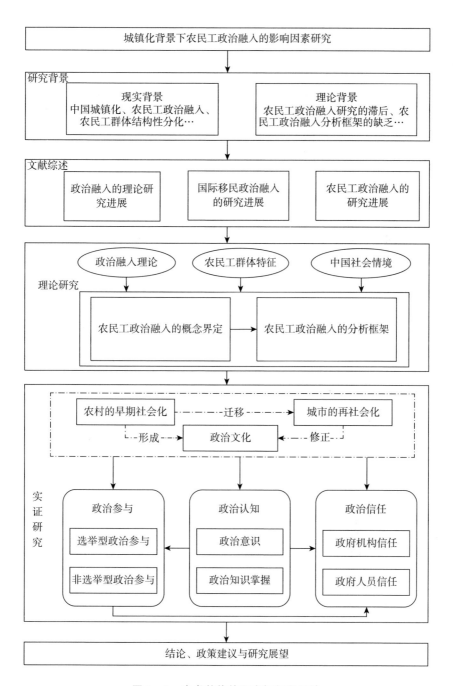

图 1－1　本书整体的研究框架和思路

第四节　数据与方法

一　数据来源

本书的实证分析数据来自西安交通大学公共政策与管理学院流动人口课题组与国家统计局陕西省调查总队共同于 2012 年 4 月至 5 月在 X 市进行的农民工调查。

1. 调查地的选择

近年来，由于东部沿海城市劳动力、土地等要素成本上升，资源加工型和劳动密集型产业逐渐向中西部转移，全国的人口流向由以往的东南沿海单向集中正在向内陆中心城市集中转变，中西部输出大省的外出务工人口开始回流，而东部地区流动人口的比例则出现下降趋势（白萌，2013）。X 市作为我国十大城市群之一的关中 - 天水经济区的核心城市，是内陆经济发展水平较高的城市之一，已经成为中西部流动人口流入的新兴中心城市。X 市流动人口来源具有多样性，跨省流动、省内跨市流动和市内流动比率均占较高比例，能够覆盖我国目前城乡流动人口的主要类型。2010 年第六次全国人口普查数据显示，X 市净流入人口已经达到 107.40 万人。因此选择 X 市作为调查地，符合新型人口流动模式，X 市是研究当今农民工生活发展状况的一个理想调查地。

2. 调查对象与抽样方法

问卷调查对象为在 X 市生活工作、年龄在 16 ~ 59 周岁、户籍所在地为 X 市城区以外的农业户籍人口。采用的是便利抽样与配额抽样相结合的方法，调查地点基本覆盖了 X 市整个市区范围。在选定的各区中随机抽取街道，在抽取的街道内进行便利配额抽样。尽管没有抽样框，但调查试图覆盖 X 市农民工所从事的所有典型行业，并保证了男女性别比例具有相对均匀的分布。在排除不合格的调查样本后，最终总计获得调查样本1215 个。此外，在抽样调查的同时，由调查指导员借助于事先设计好的结构化访谈提纲，对部分农民工进行了访谈，共获取了 25 份口述文字资料。

非等概率抽样不可避免地会引起数据有一定的偏差，这可能会限制研究结论的进一步推广。但是鉴于样本量较大，并且符合 X 市农民工的基本分布，配额抽样获得的样本可用于理论检验，因此这套数据适合对相关问题进行深入系统的研究。

3. 调查执行

本次调查时间从 2012 年 4 月 25 日至 5 月 30 日，抽样调查由西安交通大学公共政策与管理学院流动人口课题组请托国家统计局陕西调查总队具体执行，课题组主要负责过程监控和质性访谈。西安交通大学公共政策与管理学院流动人口课题组共派出 17 位成员参与调查工作：由 7 名博士生、5 名硕士生组成的调查指导员分成 5 组，分别进驻 5 个调查点，负责该调查点的调查指导、跟访、复访工作；另有 5 位成员承担督导和协调工作。国家统计局陕西调查总队负责组织抽调协调员和调查员，并实施全部的问卷调查工作。本次调查共有 5 个调查队参与，分别为调查总队农村住户处、XA 调查队、WY 调查队、LT 调查队和 CA 调查队，共 68 人参加。为了对调查过程中出现的问题进行及时的沟通，本次调查安排调查联络员，即由调查队和课题组分别指定调查联络员，负责调查过程中相关问题的沟通和解决。

4. 调查质量控制与评价

在现场调查以及数据录入与清洗过程中均执行了严格的质量控制程序。主要包括调查之前的培训，调查过程中的跟访和调查结束后的问卷审核及复访、数据录入控制和逻辑检验等。本次调查抽样复访与正式访问的一致率在可以接受的范围内，5% 等距抽样双工录入的一致率在 96% 以上。

5. 样本的基本信息

表 1 - 1 提供了农民工样本的基本信息。

表 1 - 1 样本分布与基本特征 （N = 1215）

项目	频数	百分比 （%）
性别		
男性	678	55.80
女性	537	44.20
年龄		
20 岁及以下	90	7.41
21～30 岁	641	52.76

项目	频数	百分比（%）
31~40 岁	310	25.51
41~50 岁	145	11.93
51 岁及以上	29	2.39
均值	30.29 岁	
来源地		
本市	142	11.69
本省	619	50.95
外省	454	37.37
受教育程度		
不识字	8	0.66
小学	86	7.08
初中	472	38.85
高中（或中专技校）	372	30.62
大专	215	17.70
本科及以上	62	5.10
婚姻状况		
未婚	481	39.59
初婚	667	54.90
再婚	42	3.46
丧偶	4	0.33
离婚	21	1.73

　　在被调查农民工中，从性别比例上看，男性占 55.80%，略高于女性，性别分布基本均衡。从年龄分布上来看，被调查农民工仍以青壮年为主，平均年龄为 30.29 岁。从来源地分布来看，本省农民工居多，占到总体的一半以上，还有近四成是来自外省的，而本市流动的农民工比例最低。此外，农民工受教育程度主要集中在"初中"和"高中（或中专技校）"两类，其中"初中"的比例最高，为总体的 38.85%。农民工中具有大专及以上学历的人数占总体的 22.80%，仅有 7.74% 的农民工受教育程度为小学及以下。从婚姻状况来看，被调查农民工婚姻状况以未婚和初婚者居多，占总

体的94.49%，其中，"初婚"农民工比例最高，占到总体的54.9%，"未婚"的比例为39.59%；有5.52%的农民工婚姻状况为"再婚"、"丧偶"或"离婚"。

二　研究方法

本书结合管理学、公共管理学、社会学、人口学以及统计学的研究方法，基于理论和实证研究中的结论，从现实的社会现象出发，以完善公共政策为导向，凝练出研究问题，并通过对农民工现实情境的分析，构建出适合中国农民工政治融入的概念和分析框架。利用描述性统计和高级统计方法对农民工政治融入的现状及影响因素进行分析。就具体分析方法而言，分析农民工的政治认知、政治参与和政治信任的现状时，主要使用的是交叉表分析。在对农民工政治融入的影响因素分析中，利用二元 Logistic 回归和 Ordinal Logistic 回归模型，分析政治认知的影响因素；利用二元 Logistic 回归模型，分析政治参与的影响因素；利用 OLS 回归模型和交互模型，分析政治信任的影响因素。

第五节　章节安排

本书的研究内容共分为四篇十章，其中第二篇与第三篇构成本书的核心内容。

第一章为绪论。主要介绍本书的研究背景、概念界定、研究目标与内容，交代研究所使用的数据与方法以及本书的章节安排。

第二章为文献综述。主要对国内外主要理论和研究成果进行系统的梳理、总结和评述。首先，回顾了政治融入研究的相关理论，为本书的研究提供理论基础；其次，梳理了国际移民政治融入的相关研究；再次，总结了农民工政治融入的研究情况，分析已有相关研究成果的不足；最后，对相关研究的现状进行总结和评述，并根据研究目标，提出本书的研究空间。

第三章为农民工政治融入的概念构建。首先，在总结农民工现实特征的基础上，选取基础理论，给出农民工政治融入的定义；其次，辨识政治融入研究的合理维度，并利用质性数据进行维度划分的可行性分析；最后，完成对农民工政治融入的操作化设计。

第四章为农民工政治融入的分析框架。首先，在对西方经典政治融入解释理论的深入总结与解读的基础上，提出国际移民政治融入的一般性解释框架；其次，结合中国的农村社会情境、城市社会情境以及农民工群体特性的分析，提出适用于中国特殊情境下的农民工政治融入的概念框架；最后，通过对该框架中的概念进行中国现实情境的本土化操作，形成可用于城镇化背景下中国农民工政治融入影响因素研究的分析框架。

第五章为农民工政治融入的现状分析。首先，从政治认知、政治参与和政治信任三个维度全面揭示农民工政治融入现状，初步检验三个维度之间的关系；其次，分析极端政治融入状况的分布，并指出处于政治边缘化的群体特征；最后，从生命时间、社会实践和历史时间三个维度分析农民工政治融入的年龄发展趋势。

第六章为农民工政治认知的影响因素研究。基于第四章设计的农民工政治融入的分析框架，结合政治认知的已有研究细化分析框架并提出假设，利用 2012 年 X 市农民工调查数据分别研究政治意识和政治知识掌握的影响因素，并比较两个指标的影响因素的异同，辨识关键影响因素及影响路径，为解决农民工政治认知问题指明方向。

第七章为农民工政治参与的影响因素研究。基于第四章设计的总分析框架，结合政治参与的已有研究细化框架并提出假设，利用 2012 年 X 市农民工调查数据分析选举型政治参与和非选举型政治参与的影响因素，并比较两类政治参与的影响因素的异同，辨识关键影响因素及影响路径，为促进农民工政治参与提供政策干预的方向。

第八章为农民工政治信任的影响因素研究。基于第四章设计的总分析框架，结合政治信任的已有研究细化框架并提出假设，利用 2012 年 X 市农民工调查数据分析政府机构信任和政府人员信任的影响因素，并比较政治信任两个方面的影响因素的异同，辨识关键影响因素及影响路径，为提出提高农民工政治信任的政策建议奠定基础。

第九章为结论与展望。首先对全书的研究结论进行归纳和总结，指出本书的主要贡献；其次指出本书的研究局限和未来的研究方向。

第十章为政策建议。基于本书的实证结论，结合目前流动人口服务管理政策的现状，提出针对性的政策建议。

第二章　文献综述

目前国内农民工社会融入的研究，主要是借鉴国际移民融入理论及经验研究，把国际移民的研究结论纳入农民工问题上进行本土化修正（悦中山，2011）。而政治融入是融入理论的一个重要维度（悦中山，2011；刘建娥，2014b），因此，本书对政治融入的研究也将以国际移民的研究为主要的参考对象。据此，本章首先对国内外政治融入的相关理论进行系统的阐述，并对每一个理论的研究对象、研究情境以及理论之间的关系进行评述；其次，从概念和实证研究两个方面对国际移民政治融入的研究现状进行梳理，指出移民研究的特点及不足；再次，从概念和实证研究两个角度对农民工政治融入的研究现状进行综述，指出已有研究的局限性；最后，就现有研究情况进行评述，提出本书的研究空间。

目前政治融入研究主要涉及两个视角：一是国家、区域合并的视角；二是移民或少数族裔的视角。国家、区域合并的视角主要是研究国家之间、地区之间政治制度的融合、兼并，它关注的是国家之间、地区之间政治系统的整合（Hughes and Schwarz，1972；Lyons and Engstrom，1971）。移民或少数族裔的视角主要是研究移民或少数族裔融入主流社会的政治体系的过程。限于本书的研究主题，本章将集中于移民视角对政治融入的已有研究进行梳理。

第一节　政治融入研究的相关理论

现阶段政治融入的研究理论主要分布在社会学、政治学、经济学领域，其中政治学主要是从赋权理论出发，社会学的研究则主要包括融入理论、社会化理论和社会资本理论，经济学则是从资源理论以及理性选择理论展开。在这些理论中，融入理论和赋权理论是政治融入概念研究的基础理论；社会化理论和社会资本理论则是解释政治融入成因的主要理论；而资源理论和理性选择理论分别是解释政治参与和政治信任的专门理论。下面具体对相关理论进行介绍，并进行评述。

一　融入理论

现阶段关于移民融入理论还存在着争论和分歧，同化理论、多元理论和区隔同化理论从不同的视角对移民融入进行阐释。

同化理论认为，融入是少数群体不断放弃自己原有的文化和行为方式，逐渐适应主流人群的文化和行为方式，并最终获得与当地居民平等的权利的过程，这种过程一旦开始便不能停止，直到被完全同化（Park and Burgess，1921；Park，1950）。Parker（1950）认为移民来到迁入国之后首先会经历文化的竞争与冲突，然后开始慢慢适应，最后被主流社会完全同化。Warner 和 Srole（1945）指出这种融入方式是一种直线融入，随着移民代次增长而逐渐实现，每一代移民与迁入国的融入水平都高于上一代。实现完全融入需要的时间仅取决于移民的文化和种族特征。在前人的基础上，Gordon（1964）把同化理论进一步划分为三个阶段：文化适应（Acculturation）、结构融入（Structural Integration）和同化（Assimilation）。其中，文化适应主要是指移民适应迁入国的语言、宗教和其他文化特征；结构融入主要是指其在交往关系中不再受到歧视和偏见；完成前面两个阶段之后最终走向同化。Heisler 认为即使移民发生了文化适应，但其不一定会促使其他融入形式的发生，且只有文化适应可以无止境地持续；而结构融入一旦发生，那么所有的融入形式都会跟着发生（Heisler，1992）。

随着移民种族日益增多，与同化理论相对的多元论应运而生。多元理论认为社会融入是一个接受和认可少数群体的种族文化的过程（Munro，1979），即拥有不同文化的社会群体，不论群体的大小，它们之间应该是相互适应的过程，不以牺牲文化多样性为代价，最终实现所有社会成员享有相同的权利的目标（Kallen，1956；Glazer，1997）。在多元论的理论框架中，少数群体文化与多数群体文化处于一个平等的位置，彼此之间的作用是适应，而不是取代，这种适应过程也使得文化多样性得以保存。

20 世纪 60 年代美国迎来越来越多的非欧洲裔移民，这导致其种族差异日益明显，种族冲突逐渐增加，移民后代融入的模式多样化都对单纯的同化理论造成了冲击。在这种情境下，Portes 和 Zhou（1993）提出了区隔同化理论（Segmented Assimilation），用以解释不同的移民群体在文化融入、经济适应方面的差异。区隔同化理论认为，在移民的融入过程中可能存在三种模式：第一种，移民在文化和经济上完全融入迁入国的主流社会；第二种，移民在文化和经济上的融入都出现了障碍，最终融入了城市的贫困文化；第三种，移民坚持迁出国的传统文化，排斥迁入国的主流文化，但是在经济上融入迁入国，实现经济地位的提升。与此同时，这个理论还认为随着移民对迁入国的主流文化越来越熟悉、社会经济地位越来越高，他们感受到的不平等和歧视越来越深（Michelson，2001），且随着代次的递增，他们的受歧视感增强，故他们被主流社会同化的可能性越低（Portes and Rumbaut，1996；Zhou，1999）。

现阶段，融入理论是政治融入研究的基础理论，政治融入被作为融入的一个重要维度。Gordon（1964）将融入划分为文化适应、结构融入、婚姻融入、认同性融入、态度接受的融入、行为的接纳和公共事务融入七个维度。其中"公共事务融入"（Civic Assimilation）即政治融入（Political Integration）。在农民工融入的研究中，学者指出政治融入是文化融入、经济融入、心理融入等其他融入维度实现后的更高层次（悦中山，2011），只有实现了农民工政治融入，城市融入才算全部完成。刘建娥（2014b）则依据"经济融入（物质基础）—政治融入（制度保障）—社会融入（核心内容）"的动态融入框架，认为政治融入问题是承接经济融入和社会融入的中间环节，是其他融入维度的制度保障，只有实现了政治融入才能够进入城市融入的实质性阶段。

二　赋权理论

刘建娥（2014b）在研究青年农民工政治融入时，引入了社会民主主义政策研究的理论——赋权理论或增权理论（Empowerment）。她认为赋权式政治融入是解决目前农民工逆城市化的唯一途径。把赋权式融入定义为赋予农民工群体政治参与的权利，畅通农民工从政治权利边缘进入城市政治系统的渠道，进而使得农民工获得平等的政治参与权，实现社会融入。

赋权理论的主要假设是某一社会群体缺乏社会与政治的权利。它认为资源分配的不公平会阻碍公众获取社会物品，而这种不公平造成的无权感会长期存在于社会制度中，进而导致社会系统的作用无法发挥，从而无法阻止某一社会群体受到压迫。在这种情况下，只有对权利进行重新分配，即通过赋权的方式才可能扭转（Gutiérrez，DeLois and GlenMaye，1995）。赋权理论被定义为旨在为社会体系内没有权利的群众争取与他们生活相关的政治权利，减少他们可能会面临的因为缺乏权利而造成的障碍，提升他们获得个人和家庭福利的能力，从而增进社会福祉，促进社会正义（陈树强，2003；古学斌，2013；Payne，2014）。

在赋权理论中，权利是一个最核心的概念。它把权利定义为一种主观能力。其中，Bandura 把权利定义为所需要东西的获取能力（张时飞，2001）；May（1973）将其定义为影响和改变其他人的能力；Pinderhughe（1983）认为其是一种为了维护自己的利益，对影响到自己生活的力量的影响力；Gutiérrez 等（1995）认为其是获取所需东西、影响他人以及影响资源分配的能力；Hirayama 和 Cetingok（1988）把权利定义为个人的环境适应力。Gutiérrez 和 Lewis（1999）进一步提出，这种权利是社会互动产生的。此外，在该理论中赋权被认为是一种过程，一种人们对其公共事务获取控制的机制，包含了三个基本要素即公民能力、社会政治修养、政治能力。这个理论更多强调权利对于改变弱势群体的社会处境的重要性，关注弱势群体的社会地位。

三 社会化理论

社会化理论是政治融入研究中的主要解释理论之一。它认为社会化过程通过对人的政治态度和信念的塑造影响人们的政治融入，这一过程包括早期社会化经验、青春期社会化经验以及成年时期的再社会化经验，这些经验有政治和非政治的，是他人有意识和无意识地对个人施加影响而产生的（阿尔蒙德、维巴，2014）。现阶段社会化理论对政治融入的解释主要从社会学习理论和政治社会化理论展开。

1. 社会学习理论

社会学习理论强调个人在儿童时期和青少年时期的社会化经历对其政治态度和行为的影响（Mcallister and Makkai，1992）。Easton 和 Dennis（1967）认为未成年期的社会化过程会对成年后的政治价值观的形成有重要影响，并且还有消除成年后遇到的一些负面政治经历的作用。Black（1987）认为移民很可能会把过去在迁出国积累的政治经验应用到迁入国中来，因此不管来自哪个国家的移民都必须花大量的时间去学习和适应迁入国主流社会的政治规范和价值观。

未成年期社会化过程的实现主要是通过四个中介——家庭、学校、同龄人群和大众传媒。家庭经历是社会学习最基本的社会化经历，它对人们今后的政治态度及政治行为取向有重要影响。例如，有研究表明很多人对党派的支持是一代接着一代传递下去的，往往父母支持什么党派，孩子未来也会成为那个党派的支持者；儿童在家中听到父母讨论政治时，会有意识或无意识地吸收父母的政治观点（阿尔蒙德、维巴，2014）。学校是社会化过程中最重要的代理机构之一（Hess and Torney-Purta，2005），对儿童的政治态度形成有重要影响，例如统治者可以通过学校教育给儿童灌输更多他们想灌输的政治观点（孟天广，2014）。儿童时期的交往人群、大众传媒也是影响人们政治观念的重要中介（阿尔蒙德、维巴，2014）。交往人群的政治态度会通过人际互动影响到儿童政治态度的形成，大众传媒有意识的引导也会促使儿童政治态度的形成。此外，语言环境也是儿童政治社会化的一个重要部分（Lamare，1982），语言掌握能够提高移民的政治认知技能，便于其更好地理解迁入国的政治环境（Litt，1970；Merelman，1969）。社会学习理论认为这种在未成年期形成的政治态度及行为取向是相对稳定的、不易改变的，其对移民在迁入国的政治融入有重要作用。

2. 政治社会化理论

在社会学习理论的基础上，政治社会化理论补充道，人们的政治融入还会受到他们成年后的政治社会化经历的影响。人们可以通过成年后的再社会化经历来不断补充、修正自己的政治观念和态度，最终形成自己的政治态度及行为取向，如社会政策环境的转变、大众传媒的政治信息传播、交往人群的政治文化等（阿尔蒙德、维巴，2014；Glaser and Gilens，1997）。在政治社会化理论的研究中包含三个主要的解释视角：显露论、排斥论和转移论。

显露论（Exposure）强调的是移民在迁入国政治体系中的显露程度，显露得越多则政治融入越好。这种显露主要通过迁入时间来进行测量，即来到迁入国的时间越长他们在迁入国的政治融入状况越好。在对美国少数族裔的投票参与和对党派态度的研究中发现，移民迁入美国的时间越长越容易参与投票，也越可能支持民主党派（Arvizu and Garcia，1996；Ramakrishnan and Espenshade，2001；Cain, Kiewiet and Uhlaner，1991；Wong，2000）。显露论单纯地强调在迁入国的生活经历对他们政治融入的影响，忽视了迁出国积累的政治经验的作用，这成为后续理论挑战的关键点。

继承经典社会化理论观点的排斥论（Resistance）则与显露论完全相反，

强调迁入国和迁出国的政治取向的差异，认为这种差异会造成移民对迁入国政治文化的排斥。它认为政治社会化是一个积累的过程，早期在迁出国形成的政治取向会自动选取与自己原有政治取向相一致的信息和知识，而不一致的信息和知识将被排斥在外。因此，当移民进入迁入国之后，遇到与之前在迁出国形成的政治取向不一致的政治信息或者观点的时候会对其进行排斥（Festinger，1957；Zaller，1992），致使移民的政治融入变得十分困难。

转移论则是对前面两种解释视角的整合，把移民在迁入国和迁出国的政治社会化经历进行结合，认为这两种经历会共同影响他们的政治融入，强调个人的政治经验的积累和政治兴趣的重要性（Black，1987）。转移论认为移民能够利用在迁出国获取的经验帮助他们更好地融入迁入国（Black，Niemi and Powell，1987；Finifter and Finifter，1989）。它把移民的政治融入与人口特征联系起来，即年龄作为反映移民政治经验积累的预测变量，实证结果表明年龄对移民的政治融入有重要的预测作用；此外，移民在迁出国的政治兴趣、政治参与模式也会对政治融入产生重要影响（Black，1986，1982）。

四 社会资本理论

社会资本理论被认为是解释政治融入的另一主要理论，对移民的政治融入有显著的促进作用（Tillie，2004；Jacobs and Tillie，2004）。目前对于政治融入的解释主要是从帕特南（Putnam）的社会资本理论出发。帕特南（2001）认为社会资本是"社会组织的特征，诸如信任、规范、以及网络，它们能够通过促进合作来提高社会效率"。帕特南的理论中社会资本包括三项内容即关系网络、规范和信任，其以关系网络为基础，在此基础上形成了普遍的互惠规范，进而建立起社会信任。当人们形成了普遍的社会信任，才有可能提高地方政府的绩效，促进社会民主发展（帕特南，2001）。帕特南（2001）提出社会资本影响的四种机制：其一，人们参与网络增加了他们在交易中进行欺骗的潜在成本；其二，人们在相互交往中形成了强大的互惠规范，因为互惠规范的存在使得网络交往更加密集；其三，交往网络促进了社会信息的传递；其四，人们参与网络也体现了合作的成功经历，可以将其作为一种具有文化内涵的模板，将未来的合作建立在此基础上。

帕特南的社会资本理论自提出之后，便引起了学术界巨大的反响，他将社会资本与国家民主制度联系起来，认为社会资本能降低社会冲突，增加公民的政治、社会参与，使得民主制度得以良好运转，促进政治绩效，实现国家善治（帕特南，1995）。这个观点也得到了之后的一些学者的验证（帕特南，2001；Knack，2002；马得勇、王正绪，2009）。在帕特南的社会资本概念下，社会资本被划分为三个维度，即关系网络、组织参与以及社会信任。

1. 关系网络

从关系网络来看，移民与当地居民形成的社会关系可以通过信息效应、影响效应、强化效应对移民的政治融入产生影响（见图2-1）。从信息效应来看，相比移民来说，绝大多数本地居民会拥有更多迁入国的政治信息，已有研究也发现移民与当地居民之间的接触形成的社会网络关系是移民获得当地政治信息的主要来源之一。这种关系的建立会直接影响移民获得政治信息的内容和水平（Seo，2011），进而影响他们的政治融入。从影响效应来看，社会交往中他人的观念和行为会对个人的态度、行为产生影响（Kohler，Behrman and Watkins，2001），即移民在与当地居民进行交往的过程中会受到当地居民的政治态度的影响，从而影响他们的政治融入。从强化效应来看，当与当地居民形成紧密的社会关系时，移民能够强化自己的身份，即认同自己是可以与主流人群共同享受社会资源和利益的社会成员之一，进而提高他们的政治融入。

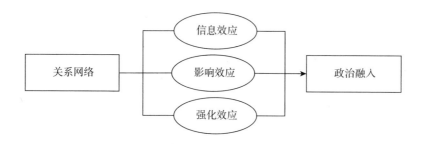

图 2-1 关系网络对政治融入的影响机制

2. 组织参与

从组织参与来看，信息效应、影响效应以及强化效应依然发挥着重要作用。此外，组织本身的特殊性会使得成员之间的关系发生变化。其一，成员之间的利益相关度明显提高，利益表达组织化。其二，成员之间的交往密度增加，信息传递速度加快，信息分享程度加深；利益的高度相关使得移民成员受到其他成员的影响更大；为了共同的目标而参加的组织也会提升成员的认同感，使得强化效应增强。其三，组织参与还能为移民提供政治技能的培训即"学习效应"。研究发现，少数族群成员在族群内的组织参与程度越高，族群内部组织之间的网络密度越高，他们从组织中获取政治技能的可能性就越高（Black，1982），进而促进他们的政治融入（见图 2 - 2）。

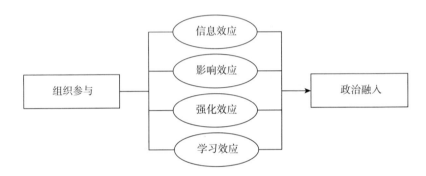

图 2 - 2　组织参与对政治融入的影响机制

3. 社会信任

从社会信任来看，其主要通过社会资本的强化效应和信任的溢出效应影响移民的政治融入（见图 2 - 3）。首先，从强化效应来看，信任会加强移民对迁入国的认同感，认同感越高，则政治融入越好。其次，从信任的溢出效应来看，公众在社会交往中形成的普遍社会信任会延伸并影响他们对政治体系的信任（帕特南，2001；尤斯拉纳，2006），促进移民政治融入的实现。

图 2 - 3　社会信任对政治融入的影响机制

五　资源理论

资源理论（Resource Theory）是解释政治参与的一个非常重要的理论。Lamare（1982）认为社会经济地位对移民的政治参与有重要的影响。社会经济地位被认为是资源理论的核心，包括教育、职业和收入（Mcallister and Makkai，1992）。资源理论认为社会经济地位通过影响个人的政治资源和心理资源来影响人们的政治参与，社会经济地位越高，则人们政治参与的可能性越高（Beeghley，1986）。

政治资源主要是指个人拥有的金钱、教育、时间、精力以及对自由的渴望等（Beeghley，1986）。Beeghley（1983）认为金钱是所有政治资源中最重要的。家庭如果没有钱就无法购买报纸、电视以及其他的平面媒体，那么他们就难以获得相应的政治信息；如果没有足够的金钱，移民就无法负担政治参与的费用，因此穷人参与政治选举、接触政治活动以及进行政治动员的可能性极低（Zipp，1982）。教育水平能够反映人的政治行为能力（阿尔蒙德、维巴，2014），政治行为能力直接制约移民的政治参与能力。从事的职业能够反映出个人拥有的时间和精力，已有研究认为从事非体力劳动的人们常常是精神上的疲惫而不是身体上的，因而才会有闲暇时间和精力去参加政治活动，而从事体力劳动的人们因为一天的工作已经让人筋疲力尽，也就没有时间和精力去参加政治活动（Beeghley，1986）。

心理资源则包括政治效能感、政治关心、政治知识、民主意识、信任以及公共责任感等（Beeghley，1986；蒲岛郁夫，1989；亨廷顿、纳尔逊，1989）。资源理论认为社会经济地位低下，人的政治影响力也低（Miller，W. E.，Miller，A. H. 和 Schneider，1980）。一方面，社会经济地位低的人无法主宰自己的命运，例如，一旦被解雇，他们很难获得失业赔偿；另一方面，由于没有足够的经济资源，因此他们也没有办法保证自己的居住稳定，这会影响他们对自己的政治行为能力的评估，进而降低他们参与政治活动的可能性（Beeghley，1986）。然而，在实证检验中发现了两种相反的结论：其一，随着教育水平、收入水平、职业阶层的提升，移民在迁入国的政治参与的可能性增大（Berger，Galonska 和 Koopmans，2004；Bueker，2005），这个结果完全符合资源理论的逻辑；其二，也有研究发现教育水平、收入水平、职业阶层越高的移民政治参与的可能性越低（Seo，2011）。

六 理性选择理论

理性选择理论是解释政治信任的一个十分重要的理论。理性选择理论基于理性人假设，认为公众是完全理性的，根据自己掌握的政府信息决定是否信任政府。它将政治信任理解为公众理性地对政府表现给予可信性评价（Mishler and Rose，1997），所以理性选择的理论命题将政府绩效作为影响政治信任的决定性因素。在分析实践中把政府绩效划分为政治绩效和经济绩效。政治绩效主要包括政治制度的合理性、重大政治事件、政府行为、政府领导人及官员的表现、政府腐败情况等。已有研究发现，公众对现任领导人和政府机构的评价（Citrin and Green，1986），政府形象的恶化如政府丑闻（Garment，1991；Orren，1997），政府机构和官员的行为（Citrin，1974；Kim，2005），政府行政过程中的公平性、开放性与响应性（Hibbing and Theiss-Morse，2001）都是影响政治信任的重要因素。经济绩效主要包括国家和个人的经济实际状况以及对其的评价和预期。公众对经济状况不满意则政治信任度低，反之则反（Citrin and Green，1986；马得勇，2007；Feldman，1983；Hetherington，1998；Nye，1997）。此外，社会财富分配是否公平和公众是否得到公平对待同样是影响政治信任的重要因素（Lee and Glasure，2002）。社会收入不平等越大，公众对政府的信任感越低（尤斯拉纳，2006）；公众受到的对待越不公平，则越不信任政府（Lee and Glasure，2002）。

在国际移民研究中理性选择理论主要从两个分析路径展开：其一，歧视论，当少数族裔遭受到迁入国主流社会的歧视对待时，他们将更不信任迁入国的政治体制或政府机构（Brehm and Rahn，1997），进而导致移民的政治融入失败；其二，期望论，移民与当地居民政治信任的差别是由他们对迁入国政治体系的期望不同造成的（André，2014）。移民是以获得更高的经济回报和政治回报来选择迁移的。他们大多来自经济不发达的国家，迁移之后对迁入国政治制度的进步有更深刻的认识（Maxwell，2010）。因而，移民对于迁入国政府绩效的评价不是单纯仅以特定时期内政府表现与往年相比为依据，而是从是否符合自我期望的角度来进行的。

事实上，这种基于理性计算形成的信任是一种"策略信任"，是不稳定的，很容易被新的情况改变（尤斯拉纳，2006），这造成政治信任"难于建设，易于破坏"（熊美娟，2010）。

七　研究评述

本小节是对政治融入相关理论的总结，这些理论为政治融入的概念构建和影响因素分析提供了理论基础。

首先，融入理论是现阶段国际移民政治融入概念构建的基础理论，它从个人的角度出发，把政治融入视为一种移民个人逐步适应、同化、融入迁入国的过程；而赋权理论则是从政府的角度出发，把政治融入视为政府赋予无权人群平等权利的过程。从二者的适用性来看，融入理论更加符合一般移民问题的研究，而赋权理论则更适合于对政治权利缺失的弱势群体的研究；前者更适宜于微观个人层面的研究，而后者则更适合宏观制度层面的分析。虽然已有农民工研究大多是以赋权理论为主的，但是本研究认为赋权理论由于研究对象以及研究层次的问题，并不是一个从微观个体层面研究农民工问题的适宜理论。

其次，社会化理论和社会资本理论是目前解释政治融入的最主要的理论。社会化理论主要运用社会化过程及过程中形成的政治文化观念来解释移民政治融入，它立足于迁移，强调移民在迁入国和迁出国社会化过程以及两地的政治文化的冲突对政治融入的影响，基本反映出移民个人社会化的整个过程，能够比较好地契合政治融入的研究主体的特征。而社会资本理论实际上是对社会化理论中在迁入国的交往因素的具体研究，将社会交往进行扩充，从社会关系、组织参与和社会信任全方位对政治融入进行解释。因此，本研究认为两个理论之间存在着包含关系，并且社会化理论能够比较全面地对移民政治融入的原因进行解释。

再次，资源理论是针对一般人群解释政治参与的专门理论。实际上资源理论是一个基础性理论，它的作用可能不仅在政治参与上，而且涉及政治融入的各个维度，因此，本研究认为在分析中应该将其作为一个重要的控制变量进行考虑。

最后，理性选择理论是针对一般人群解释政治信任的专门理论。它以理性人假设为基础命题，公众依据自己掌握的政治信息来判断政府是否可信，用政府绩效作为政治信任的前因变量。事实上，政治认知、政治参与是影响公众政府绩效评价形成的前因，因此并不适合将其过早地纳入政治融入的分析中来。

第二节　国际移民政治融入的相关研究

现阶段，国际移民政治融入的概念仍存在着分歧，相关的实证研究还比较薄弱。本节将围绕目前主要的政治融入概念和已取得的实证研究成果对国际移民的政治融入进行梳理并进行评述。

一　国际移民政治融入的概念研究

Gordon（1964）在《美国生活中的融入》一书中将移民的融入划分为文化适应、结构融入、婚姻融入、认同性融入、态度接受的融入、行为的接纳和公共事务融入七个维度，首次提出了"公共事务融入"（Civic Assimilation）这个概念，认为当移民在主流社会的公共事务领域中不存在价值和权力冲突时公共事务融入就实现了。后来的研究者在此基础上进一步提出了政治融入（Political Integration）的概念，认为它是文化融入、经济融入和心理融入等实现之后的更高要求（悦中山，2011），只有实现了政治融入移民的社会融入才算全部完成。目前国际移民政治融入的概念界定主要有两种观点。

1. 社会适应观

社会适应观关注移民的政治价值观念、政治信仰、政治情感以及政治行为等逐渐适应主流社会，被主流社会所同化的过程，强调政治共同体的凝聚力。Ake（1967）把政治融入定义为多元政治社会走向单一政治社会的过程，要求增强文化和价值观念的同质性，忠诚于政府的主张。Goldrich，Pratt 和 Schuller（1967）提出政治融入是一个有意识的、参与其中的和可以利用政治处理事情的政治社会化过程，并表达出对政治体系的支持、顺从或反对。Lamare（1982）在研究墨西哥裔美国儿童时，把政治社区成员的凝聚力定义为政治融入。Garcia（1987）更是在 Lamare 研究的基础上进一步把政治融入界定为"政治共同体成员在政治价值观、信仰、情感特征和行动中的凝聚力（Cohesiveness）"。他以社会适应为核心，认为移民的政治融入是移民通过社会化过程变成一个积极理性的参与者，对主流政治体系表示认同（Garcia，1981）。Garcia 的定义也被之后大多数研究者采用。Tillie 和 Slijper（2006）从民主（即平等）和国家地位（即团结）的角度把政治融入界定为陌生人的移民逐渐变成政治共同体成员的过程。Strömblad

和 Bengtsson（2009）把政治融入界定为"包含所有成员的政治共同体"；Maxwell（2010）从移民对流入国的忠诚出发，把移民对迁入国主流政治体系的认同作为政治融入的核心内容。

目前，社会适应观的学者们对政治融入还没有统一的维度划分。Lamare（1982）从主观心理层面出发把政治融入划分为政治心理同化和政治文化适应两个维度。把美国核心政治价值观的接受状况作为政治心理同化，美国政治文化主要是指政治社群和政权的设置。具体来说，政治心理同化包括移民对国家的自豪感、对政治共同体的认同、种族的偏好、人际信任；政治文化适应包括对政治机构的评价、政治效能感以及自由表达意愿的接受程度，且政治心理同化要迟于政治文化适应。在此基础上，Garcia（1987）将其进一步扩展到客观行为层面，把政治行为纳入进来，具体包括对迁入国政治体系的心理依恋（或公民认同）和同化、政治态度、政治取向和意识、加入迁入国国籍、政治组织参与、参与党派、参与选举活动等。至此，国际移民政治融入的主要维度全部产生，可以将其总结为三个方面即政治心理认同、政治文化适应以及政治行为同化，其中，政治行为同化滞后于政治心理认同和政治文化适应（Garcia，1987）。

还有一些学者根据自己的研究兴趣，选取部分维度进行研究。Jacobs 和 Tillie（2004）将政治融入划分为政治行为和政治心理两个维度，用政治参与和政治信任进行测度。Maxwell（2010）则仅关注政治心理层面，将其划分为政治信任和政府满意度两个维度。

2. 政治权利观

政治权利观，关注移民在迁入国的政治参与情况，强调移民政治权利的实现。有学者指出获得公民权是移民融入迁入国政治体系最重要的标志之一（Grebler，1966；Blumenthal，1971），只有获得平等的政治权利和政治参与才能证明移民政治融入的实现（Bueker，2004）。Hertting（2009）则从个人和社会两方面去构建政治融入概念：从个人层面上看，政治融入意味着与社会上其他人拥有相同的政治权利和机会，涉及政治机会和资源在一个特定区域如局部地区、国家或全球的分配；从社会层面上看，指社会中所有成员包括移民都能享受到他们认为恰当的政治权利和资源。在这个观点下，Bueker（2005）将政治融入划分为入籍和投票行为；而 Doerschler（2006）则从政治知识、兴趣（对政党、政治家和政策）和政治参与三方面进行衡量。

二 国际移民政治融入的实证研究

回顾实证研究结果发现，影响政治融入的因素主要包括个体层次和社会层次。个体层次的因素包括移民个体在融入以前的一些因素以及在融入过程中产生的新因素；社会层次因素包括迁出国和迁入国社会环境特征。下面对目前国外移民政治融入的影响因素进行回顾和总结。

1. 个体层次因素

政治融入水平的高低会受到移民的性别、年龄、代次、教育、收入、职业、社会资本、心理因素以及迁移时间等影响。

第一，性别一直是过去 20 多年西方移民研究的主要关注点之一，男性与女性不论在观念、行为还是融入方面的差异都已经受到了广泛的关注（Curran and Saguy，2013）。在国际移民的政治融入研究中学者把决策性别差异理论和政治社会化理论相结合发现，男性和女性政治融入的策略不同，主要有两方面的原因：一方面，由于男性比女性在迁入国经历了更多逆向阶层流动，即男性移民进入迁入国之后社会经济地位首先会经历一个明显的向下流动的过程，因此为了降低这种向下流动的影响，男性往往会选择去族群内部企业就职或者加入族群内部的组织，从而解决这种因为移民身份而带来的就业困难的局面；另一方面，女性与男性不同，她们进入迁入国之后初职的社会地位一般会高于迁出国，实现了社会经济地位的向上流动，大多会倾向留在迁入国，又因为女性还需要承担传统的家庭职责，因而她们可能更愿意向迁入国政府寻求帮助和支持，增加她们与迁入国政府的接触。这样导致男性移民更多地成为少数族裔社区组织的领导者，而女性在族群社区组织中处于边缘地位，逐渐成为迁入国政府和族群社区的中介（Jones-Correa，1998），故女性在迁入国的政治融入要好于男性。但是也有研究发现了相反的结论，Berger，Galonska 和 Koopmans（2004）在德国移民的政治融入研究中发现土耳其女性移民的政治融入明显更低；Tillie（2004）在解释阿姆斯特丹移民的政治融入时也发现，女性的政治融入状况明显低于男性。

第二，年龄被认为是社会化过程中政治经验积累的重要预测变量（White，et al.，2008），实证研究结果证实了移民的年龄与他们在迁入国的政治融入有重要影响（Black，Niemi and Powell，1987）。Bueker（2005）从 Rosenstone 和 Hanson（1993）等的研究中发现移民的政治融入与年龄呈现一个倒 U 形的关系曲线，即年龄较小和年龄较大的移民的政治融入要差于处于中间年龄层的移民。因为年龄较小的移民政治冷漠的可能性更高；而年龄较大的移民则因为疾病等困扰而放弃政治融入；处于中间层的移民更可能认识到政治融入的好处，并且从中获得更多的利益，更愿意在迁入国实现政治融入。Bueker（2004）的实证结果也验证了移民政治融入随着年龄的增长呈现先上升后下降的年龄模式。这个研究结论在 Cho（1999），Ramakrishnan 和 Espenshade（2001）的研究中也得到了验证。

第三，代次一直是移民融入研究的重要主题之一。对于国际移民来说，代次一般是以出生地进行划分的，即在迁入国之外出生的为第一代移民；父母至少有一方在迁入国之内出生，自己也在迁入国之内出生的被称为第二代移民（Ramakrishnan and Espenshade，2001）。从国际移民的政治融入研究来看，随着代次的递增移民的政治融入呈现两种相对的理论：同化理论认为随着代次的递增移民的政治融入将越来越好，即随着移民代次的递增，他们对迁入国的政治文化越来越适应，尤其是自第二代及以后的移民从小在迁入国长大，他们的政治经验积累都是来自迁入国，因而他们能够更好地融入迁入国的政治系统；而区隔融入理论认为，随着代次的递增，移民感受到的种族歧视更多（Portes and Rumbaut，1996；Zhou，1999），他们对主流社会的政治体系抱有更多的负面和悲观的态度，更加不喜欢当地政府介入到自己的生活中来（Bedolla，2005），从而使得他们的政治融入变得更加困难（Abrajano and Alvarez，2010）。

第四，社会经济地位即教育、收入、职业是解释移民政治融入的重要变量。在实证研究中发现了两种相反的结论：其一，随着教育程度、收入水平、职业阶层的提升，移民在迁入国的政治融入逐渐上升（Berger，Galonska and Koopmans，2004；Bueker，2005），这个结果完全符合资源理论的逻辑；其二，也有研究发现教育程度、收入水平、职业阶层越高的移民的政治参与的可能性越低，政治融入水平越差（Seo，2011）。对此 Cho（1999）从经济学理论出发，利用成本 - 收益的比值来进行解释，认为移民的行为取决于政治融入能够获得的预期收益和参与成本的比值，当预期收入高于成本时移民会选择融入政治体系，当预期收入低于成本时他们可能选择不融入。

第五，社会资本是影响政治融入的关键要素之一。①关系网络。Seo（2011）的研究发现人际沟通是移民获得政治信息的重要渠道，能够促进移民的政治融入。移民倾向于与同一族裔内部人生活在一起，并保持与族群内的关系网络（Cutler and Glaeser，1995；Massey and Denton，1992）。这样使得移民获取的政治信息容易被扭曲和控制（Cho and Rudolph，2008）。②组织参与。Jacobs 和 Tillie（2004）认为社会资本通过组织参与来影响移民的政治融入。荷兰政治科学家 Fennema 和 Tillie（1999）认为少数民族的政治融入和族裔内部组织参与密切相关，族裔内部的组织参与网络越密切，则移民的政治参与率越高，政治信任越高。Tillie（2004）之后的研究发现族群内部的正式组织对于政治融入主要是通过提高移民的政治技能、进行政治动员来起作用的。③社会信任。社会信任有助于政治融入，一方面，社会信任越高，则社会成员政治参与的可能性越高（帕特南，2001）；另一方面，社会信任越高，则社会成员对政府的信任越高，高度的社会信任才能够带来高度的政治信任（帕特南，2001；尤斯拉纳，2006）。

第六，不同个人的心理因素对移民的政治融入有着重要影响（Beeghley，1983）。一方面，个人的政治文化观念会影响移民的政治融入，政治文化中的政治态度（如信任、政治效能感）、政治价值观（如犬儒主义）对个人的政治行为取向有明显的影响（Hirsch and Gutierrez，1973）；另一方面，个人的心理资源会对移民的政治融入产生重要影响，Beeghley（1983）的研究发现胜任感、政治决策的信念等心理因素能够影响移民的政治融入。

第七，移民迁移时间对移民的政治融入有着重要影响。迁移时间主要通过迁移过程中社会化经历对移民的政治融入作用进行解释。White 等（2008）的实证结果表明，移民进入加拿大的时间越长他们的政治融入越好。

第八，移民的其他融入状况尤其是文化适应和经济融入状况对移民的政治信任影响较大。有学者认为移民的文化融入以及经济融入越高，则移民的政治信任越高（Maxwell，2010）；也有学者发现了相反的结论，认为移民的文化融入、经济融入越高则移民的政治信任越低（Michelson，2001）。

2. 社会层次因素

社会层次的因素主要包括迁入国和迁出国的社会环境因素。

（1）迁出国社会环境因素

来自不同国家的移民，他们的迁移目的不同，政治经历不同，拥有的文化经验不同，在迁入国的遭遇迥然不同（Koopmans，1999；Portes，

1995），这导致他们的政治融入完全不同。例如，通过将入籍行为作为政治融入的代理变量的研究发现，来自中国或者菲律宾的移民入籍的比例远高于其他国家的移民（Portes and Rumbaut，1996；Smith and Edmonston，1997；Jasso and Rosenzweig，1990）。大多数研究直接把迁出国的国籍作为一个影响政治融入的关键指标（Portes and Rumbaut，1996）。也有的研究对迁出国特征进行具体的研究。

首先，从地理距离来看，迁出国与迁入国之间的地理位置越远，他们返回迁出国的成本越高，他们留在迁入国的可能性越大，政治融入越好（Bueker，2005）。其次，从国家的政治体制来看，政治体制决定着移民的政治经历，移民在迁出国已有的政治经历会直接影响移民在迁入国的政治融入（Bueker，2005），迁入国和迁出国的政治体制一致性越高则移民的政治融入越好，而政治体制一致性越差则移民政治融入越困难。此外，移民在迁出国的语言、宗教信仰等也会影响其在迁入国的政治融入。

（2）迁入国社会环境因素

迁入国的社区环境、制度环境、迁入国居民的态度等社会环境对移民的政治融入有重要影响。

其一，在国际移民研究中，社区环境是影响移民政治融入的重要因素之一。社区类型和邻居种群会影响迁入国政治信息的流动和内容，进而影响少数族裔的政治融入（Seo，2011）。社区能够为移民的政治融入提供信息（McLeod，et al.，1996；McLeod，Scheufele and Moy，1996）。居住在少数族裔集中区的移民获取迁入国政治信息多依赖于民族区域内部的媒体（Seo，2011）。此外，移民居住的社区环境对移民信任当地政府有着重要影响，即邻居的社会经济地位越低、居住在与主流社会隔离的移民聚集区，则移民的政治信任越低（Maxwell，2010）。而 Michelson（2001）则发现生活在远离主流社会的少数族裔聚集地的移民，因为感受不到主流社会对他们的歧视，反而会更加信任当地政府。

其二，迁入国社会居民对移民的态度也是影响移民政治融入的重要因素。迁入国居民对移民的排斥情绪会直接导致移民政治融入困难加倍。当本地居民歧视移民变成了常态，当地的政策制定者会制定出更多反移民的政策（Fetzer，2000；Joppke，2005；Paskeviciute and Anderson，2008），不利于移民政治融入的实现。

三　研究评述

从国际移民政治融入的现状来看，政治融入的概念已经出现了近 50 年，但是一直到近些年才逐渐引起学术界的广泛关注。研究发展较慢导致现阶段的研究仍然相对薄弱。

首先，从政治融入的概念研究来看，虽然国际移民的政治融入概念都是基于社会融入理论，但是由于关注点的差异，其概念仍然存在一定的分歧。主要包括以"政治共同体成员在政治价值观、信仰、情感特征和行动中的凝聚力"为内涵的社会适应观，和以"获得平等的公民权利"为核心的政治权利观。这两个观点存在一定的包含关系，政治权利观关注的政治参与隶属于社会适应观中的政治行为研究。因此，可以认为政治权利观是对社会适应观中的政治行为维度进行的具体研究。

其次，从政治融入的实证研究结果来看，实证研究已经具有一定的基础。但是由于国际移民政治融入的概念仍存在分歧，因此在实证研究层面上对政治融入概念进行理解呈现比较大的差异。在具体的分析中，仅考虑政治行为的政治权利观发现的解释结论无法推广到政治融入其他维度，甚至在有些结论中呈现出完全相反的结论。这就导致了不同学者之间难以进行比较，研究的结果没有可比性，分散的发现无法进行系统的积累，从而限制了政治融入理论的发展。

尽管国际移民政治融入的研究还存在一定的局限性，但是不可否认的是，其在概念研究和理论的实证检验中为本书的研究奠定了重要的基础，提供了颇有价值的借鉴。

第三节　农民工政治融入的研究进展

自 20 世纪 80 年代以来，中国农村人口大量涌入城市，学术界开始对中国农民工现象进行研究。"社会融合""市民化""城市适应""政治参与"等与农民工政治融入相关的问题逐渐成为农民工研究的热点（张芮菱，2012）。这些文献对于农民工政治融入的定义和维度、实证研究均有所涉及。有学者指出政治融入是城市融入的更高要求，只有其他融入维度实现后才有可能完成政治融入（悦中山，2011）。更有少数学者和政府官员认为目前我国社会发展进程还未到研究农民工政治融入的阶段，现在研究为时过早（刘建娥，2014a）。这都造成了农民工政治融入研究的滞后。本节将围绕农民工政治融入的概念和已取得的实证研究成果对农民工政治融入研究进行梳理和总结，发现研究的局限性。

一　农民工政治融入的概念研究

现阶段中国学者对农民工政治融入的界定多从"赋权观"展开，关注农民工的政治参与。"赋权观"以赋权理论为基础，强调政府对农民工政治权利的赋予。其中，刘建娥（2014b）把政治融入定义为农民工通过组织化的方式，以代表的身份参与城市的政治生活，并表达自己的政治诉求，进而影响政治决策的过程。党团组织是政治融入的主体；政治参与是融入的路径；遵循代表参与的原则是融入的原则；在城市享有与市民平等的参与权是融入的目标。而张芮菱（2012）则认为政治融入是农民工在城市劳动者的地位确定和政治权利（如政治参与权、政治表达权）的平等。还有少数学者从融入角度出发提出政治融入是农民工在城市政治生活中逐渐与城市市民拥有相同权利的过程，包括平等的市民权、选举权、投票权等（褚荣伟等，2012）。

两个概念的出发点不同，但分析维度基本一致，都是围绕政治行为展开的。政治参与成为农民工政治融入研究的核心内容。王桂新和罗恩立（2007）把农民工在城市参与政治组织（如党团组织）的情况作为政治融入。刘建娥（2014a）则是把政治融入划分为政治行为、政治诉求、政治态度以及政治素养四个维度，其中政治参与是政治融入的核心维度。杨敏聪（2014）则是从农民工的制度化政治参与和参与社区管理两个方面对政治融入的维度进行划分。而刘婷（2012）把政治融入划分为政治参与和对政治时事的关心。

二　农民工政治融入的实证研究

由于现阶段对农民工政治融入的研究基本都是立足在政治参与上，因而对农民工政治融入的影响因素研究也集中于此。

1. 个体层次因素

目前农民工政治融入的影响因素主要集中于性别、年龄、教育、收入、职业、社会资本、心理因素以及迁移时间。

社会经济地位对农民工政治融入有重要作用。研究发现，教育程度低使得农民工无法掌握足够的政治知识和政治技能，政治素质低限制了农民工政治行为能力（聂月岩、宋菊芳，2010），因而教育水平越低、文化素养越低的农民工政治参与的可能性越低，中等教育是影响农民工政治参与的关键因素（刘建娥，2014a）。还有研究发现了相反的结论，即受教育程度越高农民工的政治参与意愿越低（白萌等，2012）。职业类型是影响农民工政治参与的关键因素之一，与从事制造业的农民工相比，从事商业服务业、社会服务业的农民工政治参与水平更高（刘建娥，2014a）。从月收入来看，随着月收入的升高，农民工的政治参与反而下降（陈旭峰等，2010a）。

社会资本对农民工政治融入依然发挥重要的解释作用，实证检验发现，社会资本是影响农民工政治参与的重要因素，即社会资本存量越丰富，农民工的政治参与可能性越高（刘建娥，2014a，2014b）。在城市缺乏代表自身利益的组织和难以被城市组织接纳的现实，造成农民工在城市中的组织化程度极低（林淑珍，2008），使得他们的政治参与的可能性降低（王飞、李朝秀，2012）。此外，社会关系对农民工政治参与有重要影响。研究发现，弱关系对农民工的政治参与有负向作用，而强关系对农民工政治参与有正向作用（陈旭峰等，2010a）。社会网络规模的扩大和本地市民数量的增加能够有效地提高女性农民工的政治参与意愿（白萌等，2012）。孙秀林（2010）通过比较社会资本对市民与农民工政治参与的影响发现，与市民形成的关系网络对农民工的政治参与有明显的正向作用。此外，农民工对其他行动者缺乏信任是导致他们政治参与缺失的重要原因之一（孙可敬、傅琼，2011）。

政治文化是解释农民工政治参与的重要因素。研究发现，传统的政治文化是限制农民工政治参与的主要因素（朱彬彬、朱文文，2006），其中，政治效能感越低，则农民工政治参与积极性越低，参与行为的发生概率越低（邓秀华，2009；王立梅、胡刚，2006）。政治知识、政治效能感和政治关心等政治心理因素对农民工政治参与有着重要的作用（万斌、章秀英，2010）。陈旭锋等（2010b）从农民工在城市中的心理适应出发，认为农民工对政府态度的感知（包括政府友好感、政府排斥感以及政府公平感）会对农民工的政治参与产生重要影响，自我认同感的缺失也会造成农民工政治参与受阻。

另外，中国共产党党员（以下简称党员）身份、流动经历、性别、年龄也对农民工政治参与有重要影响。其一，党员农民工的政治参与的可能性显著高于非党员的农民工（刘建娥，2014a）；其二，外出流动时间越长，农民工政治融入的水平越高（刘建娥，2014a），而城市流动经历会提升农民工参与意识的现代性，也可能导致极端政治意识的形成（陈旭锋等，2010b；蔡华杰，2006）；其三，女性农民工的政治参与意愿显著高于男性（白萌等，2012）；其四，年龄与农民工政治融入呈正向关系，即随着年龄的增长，农民工政治融入的可能性越高（刘建娥，2014a，2014b），这与国际移民的研究结果并不一致。

2. 社会层次因素

制度环境是中国农民工政治融入研究最为关注的因素。研究发现，二元户籍制度造成农民工在城市政治参与中的边缘化（朱彬彬、朱文文，2006）；邓秀华（2009）研究发现，在城市中政治参与高昂的经济成本是导致农民工政治参与水平低的重要原因。周海（2006）在河南的调查中也发现，制度执行力是限制农民工政治参与的关键问题。城市社会的排斥会直接打击农民工政治融入的积极性，限制农民工的政治融入（王亚新，2009）。

三 研究评述

现阶段农民工政治融入仍是一个新兴的概念，尽管大多数学者将其视为城市融入或农民工市民化的一个维度，但是专门的政治融入研究仍然偏少。为数不多的几个研究中采用赋权理论的观点对其进行定义。把农民工视为城市无权群体，需要通过政府赋权实现其政治融入（刘建娥，2014b）。但是无论从目前的法律规定来看，还是从实际的农民工群体的政治权利现实来看，他们在城市是存在着一定政治权利的。基于赋权理论的假设与现实并不完全相符。同时，政治参与仅是农民工政治融入在行为层面上的反映，并不能够涵盖其全部内容。因而，有必要对政治融入的概念进行重新界定，以更符合农民工政治融入的现实。

现阶段对农民工政治融入的解释主要依据社会资本理论和社会化理论。从社会资本理论的应用来看，其解释已经覆盖了基本所有的社会资本维度即关系网络、组织参与和社会信任，但是没有把政治社会资本这个极具中国特色的因素考虑进来。而社会化理论则基本完全继承了国际移民的研究，以流动时间和政治文化作为主要的变量。事实上，目前不论是在外部社会环境，还是在农民工群体内部结构上都已经呈现出与国际移民完全不同的特性。直接借鉴国际移民的研究经验对农民工问题进行研究造成了部分解释的盲区，忽略了一些关键变量的作用，如中国特色的制度环境、农民工的留守随迁经历等。此外，现阶段对于农民工政治融入理论的研究还十分缺乏，尚未形成一个系统的理论解释框架。

最后，农民工政治融入的实证研究仍然比较薄弱，现有的实证经验基本来自对政治参与的解释，而政治认知和政治信任的影响因素研究还十分缺乏。从已有影响因素的研究结果来看，目前研究主要是从社会资本、社会经济地位、流动经历、政治文化、人口特征以及党员身份展开的，而制度排斥、社会排斥、留守随迁经历等一系列关键性影响因素还未被验证。这些都为本书的研究预留了空间。

第四节　本章小结

本章主要从政治融入相关理论、国际移民政治融入的研究以及农民工政治融入的研究三方面进行了文献梳理，发现当前政治融入研究有如下特点。

首先，本章回顾了政治融入研究的主要理论发现，融入理论和赋权理论是政治融入概念构建的基础理论，其中融入理论是从微观个人层面研究移民融入政治体系的过程，而赋权理论则是从宏观制度层面强调政府对无权群体的权利赋予。根据中国社会的现实情况和本书的研究目标，本书认为融入理论可能更符合农民工政治融入的研究需要；社会化理论和社会资本理论则是政治融入主要的解释理论，其中社会资本理论是对社会化理论在迁入国交往因素的拓展，两个理论存在包含关系；资源理论虽然是解释政治参与的专门理论，但它本质上是一个基础性理论，应该将其作为一个重要的控制变量纳入政治融入的分析；而理性选择理论则是政治信任的专门理论，政治融入中的政治认知、政治参与是影响政府绩效评价的前因变量，因此并不适合过早地将其纳入政治融入的分析中来。

其次，本章梳理了国际移民政治融入的研究现状，发现现阶段国际移民的政治融入概念都是基于社会融入理论，主要包括社会适应观和政治权利观，政治权利观是对社会适应观中政治行为部分的专门性研究。而政治融入的实证研究相对比较薄弱。学者对政治融入概念的理解存在分歧，导致实证研究层次上对政治融入概念的解释呈现比较大的差异，研究的结论缺乏可比性。尽管如此，国际移民政治融入在概念研究和实证检验上为中国农民工研究奠定了重要的基础。

最后，从农民工政治融入研究的现状来看，现阶段农民工政治融入研究仍然偏少。其一，在概念界定上多采用赋权理论的观点，把农民工视为城市无权群体，需要通过政府赋权实现其政治融入。但是从目前的法律规定和农民工群体的政治权利实践来看，他们在城市中是有政治权利的。这种基于赋权理论的假设与现实并不完全相符。其二，在对农民工政治融入的影响因素分析中，虽然已经吸收了来自西方移民研究中的社会化理论和社会资本理论的研究经验，但是其中国本土修正还不够，缺乏系统的理论分析框架。例如，在社会资本理论研究中虽然已经考虑到社会资本的三个层面的作用，但是没有把极具中国特色的政治社会资本纳入进来；而在社会化理论分析中基本完全继承了国际移民的研究经验，缺乏对中国特殊情境的分析，忽略了诸如制度环境、社会环境以及农民工群体结构变化等关键性要素的作用。其三，农民工政治融入的实证研究仍然比较薄弱，现有的实证经验基本来自对政治参与的解释，而政治认知和政治信任的影响因素研究还十分缺乏。目前研究主要是从社会资本、社会经济地位、流动经历、政治文化、人口特征以及党员身份展开的，而尚未对制度排斥、社会排斥、留守随迁经历等一系列关键性影响因素进行验证。这些都为本书的研究预留了空间。

第二篇 理论研究

农民工城市融入研究是社会学研究的热点问题之一，目前对农民工城市融入的研究大部分集中在经济融入、文化融入、心理融入以及社会融入方面，对于政治融入的研究仍然偏少。大多数学者将其视为城市融入或农民工市民化的一个维度，专门的政治融入研究极少。一方面，为数不多的研究多专注于农民工政治参与的研究，然而政治参与仅是农民工政治融入在行为层面上的反映，不能够涵盖其全部内容；另一方面，目前对农民工政治融入的解释大多直接借鉴国际移民的研究经验展开，忽略了中国问题特有的情境，导致部分解释的盲区。因此，本篇将结合中国农民工的现实特征，重新对农民工政治融入的概念进行构建，试图建立一个更科学、更符合中国城镇化现实情境的概念，并对已有研究理论进行修正，建立适用于中国农民工政治融入的分析框架，以全面系统地揭示农民工政治融入的影响因素，进而完善和丰富中国农民工政治融入的相关理论研究。

本篇包括第三章和第四章两章。其中，第三章从政治融入理论出发，结合中国现实情境，对农民工政治融入的概念进行重新构建，并进行可行性验证；第四章在第三章的基础上，基于社会化理论和社会资本理论，结合中国特殊情境和农民工群体特性，建立农民工政治融入的分析框架，为后续的实证研究提供理论依据。

第三章 农民工政治融入的概念构建

本章的研究目的在于构建一个适用于中国农民工政治融入的概念。首先，通过农民工政治融入的现实情境分析提炼出当代农民工城市政治生活的特征，比较已有政治融入概念的适用性，构建农民工政治融入的概念；其次，利用质性访谈数据验证政治融入概念的可行性，并对概念进行操作化。

第一节 农民工政治融入的定义

一 农民工在城市政治生活的现实情境

现阶段，大部分农民工被排除在城市政治体系之外，陷入政治认知模糊、政治参与不足和政治信任偏低的困境之中（朱煜等，2012）。

1. 城市政府的忽视和农民工的政治冷淡

现阶段，由于中国社会管理和公共服务供给制度仍以户籍为基础，城市政府不是农民工公共服务的主要供给者，缺乏为农民工提供与市民同等待遇和服务的动力。在城市中，农民工和市民被分割在不同的居住场域和就业场域之中，因此其容易被城市政府所忽略（李春玲，2007；郭星华、储卉娟，2004；刘传江，2013）。政治认知模糊是农民工城市政治生活的真实写照。农民工的公共服务大多由家乡政府提供，与城市政府利益关联度的淡薄导致他们缺乏认知政治的内驱力。大部分农民工的政治认识水平较差。朱煜等（2012）的调查发现，农民工对政治新闻的关注度偏低，其中，关注与农民工自身相关的新闻的比例最高，但仍未超过半数（占44.02%），且闲暇时间用于看报纸和上网的比例仅为34.04%；有接近一半的人对与自身利益密切相关的政策仍然很陌生。

2. 农民工在城市的政治参与比例低

从中国现行的政治权利制度可以看出，农民工在城市本身就具有一定政治权利。各地方政府在人大选举中规定农民工在当地是具备选举权的，如《陕西省县乡两级人民代表大会代表选举实施细则（修正）》中的第五章第三十四条中规定"户口不在现居地的人员，凭户口所在地的选民证明，可以在现居地进行选民登记"。而在城市居委会选举中更是明确指出农民工在城市是具备选举和被选举权的，即《中华人民共和国城市居委会选举法和组织法》第八条明确规定"年满18周岁的本居住地区居民，不分民族、种族、性别、职业、家庭出身、宗教信仰、教育程度、财产状况、居住期限，都有选举权和被选举权"。但是这个权利的实现需要农民工具备一定的经济实力，如在城市购买固定的居所，有返回户籍所在地开取证明的费用等。这些限制条件最终造成绝大多数农民工的政治权利难以实现。从实际调查数据中也可以发现，目前农民工在城市的政治参与度普遍偏低，真正参与过选举的比例仅为22.34%，还有71.68%的农民工表示没有参与过选举，甚至没有听说过（朱煜等，2012）。

3. 农民工对城市政府信任有待提高

农民工对城市政府的信任明显低于当地市民。西安交通大学人口与发展研究所2008年在于X市进行的"X市外来农村流动人口"调查中发现，与市民相比，农民工对X市政府的信任感偏低。汪汇等（2009）对城市信任的调查结果也显示农民工对城市政府的信任低于当地居民。另外，中国农民对政府的信任存在明显的层级特征，农民对级别越低的政府信任感越低（胡荣，2007），而当农民流动到城市成为农民工以后，农民工对城市政府的信任感偏低成为问题的关键。

根据以上对农民工城市政治生活的现实特征的总结，可以判断：政治认知模糊、政治参与不足以及政治信任偏低是农民工在城市政治生活中的主要特点。

二 农民工政治融入概念的理论选择

根据前文对农民工在城市政治生活的现实特征的总结，本部分对已有的政治融入概念进行适用性分析。

1. 赋权观的适用性分析

以往农民工政治融入的概念主要是依据赋权理论进行构建的。它将农民工视为城市无权群体，认为需要通过政府赋权才能够使其实现政治融入（刘建娥，2014b）。但是从目前农民工在城市政治生活的特征分析结果来看，不论是从制度上还是从农民工政治参与实践上看，农民工在城市均是具有一部分政治权利的。赋权理论的假设与现实并不完全相符。因此，赋权观并不适用于农民工融入概念的构建。

2. 政治权利观的适用性分析

政治权利观是从融入理论视角出发，强调移民应该获取与主流社会人群平等的政治权利。其主要是基于移民的政治权利适应的角度，从移民的权利获取和行使两个层面展开，重点考察移民的政治行为融入。已有农民工研究中也有从融入理论出发，把政治参与作为政治融入的内涵（褚荣伟等，2012）。结合农民工的现实特征来看，政治认知模糊、政治信任偏低也是农民工在城市政治融入的突出表现。而仅考察政治行为一个维度的政治权利观无法涵盖农民工政治融入的全部内涵。因此，政治权利观也不是一个适宜的概念。

3. 社会适应观的适用性分析

社会适应观强调移民从政治价值观念、政治信仰、政治情感、政治行为等多方面被主流社会所同化，最终成为政治共同体的成员（Garcia，1987；Lamare，1982；Maxwell，2010）。它从政治文化、政治心理以及政治行为三个方面出发，全面揭示移民的政治融入过程。首先，从社会适应观和赋权观、政治权利观的比较中发现，社会适应观在研究层次、研究对象、研究假设以及研究内涵上更加符合本研究从农民工个人层次研究政治融入的定位。其一，比较社会适应观与赋权观发现，从研究层次来看，社会适应观是从微观个体层次出发，而赋权观则是从宏观制度设计层次出发；从研究对象来看，社会适应观关注移民个人的融入行为，而赋权观则是关注迁入地政府的行为；从研究假设来看，社会适应观把移民假设为迁入国的陌生人，而赋权观则是把移民假设为无权群体；从概念内涵来看，适应观包含了政治文化、政治行为和政治信任等多个维度，而赋权观仅包含政治参与一个维度。其二，比较社会适应观与政治权利观发现，虽然社会适应观与政治权利观在理论基础、研究层次、研究对象以及研究假设上均趋于一致，但是在研究内涵上呈现比较大的差异，社会适应观包含了政治文化、政治行为和政治信任等多个维度，而政治权利观仅包含政治行为一个维度。实际上政治权利观是对社会适应观的政治行为维度的专门研究。其次，从中国农民工在城市政治生活的社会情境来看，实际上农民工在城市具备一定的政治权利，且表现出了政治认知模糊、政治参与不足以及政治信任偏低的情况。这些情况也对农民工政治融入概念的建构提出了具体的要求，即政治融入的概念必须涵盖政治认知、政治参与和政治信任三个方面。而从三个概念的比较来看，只有社会适应观包含了政治认知、政治参与和政治信任三个方面，而赋权观和政治权利观仅覆盖了政治参与方面。所以，本书将以社会适应观为基础对农民工政治融入的概念和维度进行界定。政治融入三个概念的适用性分析见表3-1。

表3-1 政治融入三个概念的适用性分析

概念	理论基础	研究层次	研究对象	研究假设	研究内涵	适用性
赋权观	赋权理论	宏观	政府	无权群体	政治行为	×
政治权利观	融入理论	微观	个人	陌生人	政治行为	×
社会适应观	融入理论	微观	个人	陌生人	政治文化、政治行为、政治信任等	√

三 农民工政治融入的定义

根据以上分析可知，本书借鉴社会适应观作为农民工政治融入概念的构建基础。在社会适应观中，Garcia（1987）对政治融入概念做出了一个比较准确的把握，他将其定义为"政治共同体成员的凝聚力"，其核心内容是围绕主流社会的新成员通过社会化过程逐渐变成一个消息灵通的参与者并积极地依附于主流政治体系。这一定义为后来的研究者定义政治融入提供了借鉴。Tillie和Slijper（2006）在国际移民的研究中把政治融入直接界定为作为主流社会陌生人的移民逐渐变成政治共同体的成员的过程。

借鉴以上研究理论，根据当前中国城市社会的实际情况，我们可将农民工视为外来移民，他们的迁入地就是城市。农民工在城市的政治融入本质上就是农民工融入城市的政治体系之中。因此，基于 Tillie 和 Slijper（2006）对移民政治融入的定义，本研究把农民工政治融入定义为"农民工由陌生人逐渐向城市政治共同体成员转变的过程"。在分析"变成共同体成员的过程"具体体现在哪些方面（即概念的维度），以及应该达到何种程度才能够证明其已经融入时，显然不能直接使用国际移民政治融入的维度划分和融入标准，而需要根据农民工的现实情况来定。

第二节　农民工政治融入的维度

现有国际移民的研究已经辨识出政治融入的主要维度：政治文化适应、政治心理认同与政治行为同化；并认为文化适应早于心理认同，而行为同化晚于文化适应和心理认同（Garcia，1987；Lamare，1982）。Doerschler（2006）的研究将政治行为进一步区分为政治知识、政治兴趣和政治参与。政治知识和政治兴趣可以归于政治认知的范畴（阿尔蒙德、维巴，2014）。国内农民工研究目前仅关注政治行为的一个方面，并对政治行为进行了细分，有的将其划分为政治行为、政治诉求、政治态度以及政治素养四个维度（刘建娥，2014b），还有的将其细分为政治参与和政治关心两个维度（刘婷，2012）。由于政治融入的研究相对较新，因此农民工的政治融入究竟应该从哪几个维度着手还未有人对其进行深入探讨。本书对政治融入维度的辨识将基于农民工的现实特征，并遵循以下两个原则来进行：首先，全面性，要求根据已有的理论和实证研究结论，尽可能地囊括政治融入的所有维度，限定农民工政治融入的研究范围；其次，简洁性，要求辨识出现阶段农民工政治融入中最重要、最本质、最可行的维度，对于其他特殊的、次要的以及从属性维度不再考虑，关注政治融入的本质内容和主要矛盾。

一　维度划分

比较农民工与国际移民的区别可知，中国农民工是最近 30 多年以来我国国内人口流动和二元社会制度构建的特殊群体，他们与市民群体的差异主要来自户籍制度以及户籍制度所带来的累积效应引起的社会阶层的分化（朱力，2003）以及社会生存空间的隔离（徐琴，2008）。一方面，由于政治文化的核心是通过国家政治社群和政权设置，包括政治系统、制度、权利配置、民主特性来反映的（Devine，1972），而同一个国家的政治社群和政权设置是统一的，乡城流动属于典型的国内流动，迁入地和迁出地属于同一个国家，因此农民工与市民不存在政治文化的差别，政治文化适应不适合中国农民工问题的研究，理应被排除。另一方面，现阶段农民工获得大城市的户籍身份仍然存在较大的难度和制度的限制，虽然改变户籍是成为城市政治共同体成员的标志之一，但是囿于农民工的现实情况，改变户籍这个维度并不太适应现今农民工的生存状态，因此本书对其不再考虑。

基于 Garcia（1987）、Jacobs 和 Tillie（2004）、Doerschler（2006）、Almond 和 Verba（2014）等的研究，结合农民工在城市政治生活的特征，本研究将选取政治认知、政治参与和政治信任三个维度进行研究。政治融入维度的这种划分并没有囊括其所有的维度，但是本研究根据农民工的现实情境认为这三个维度应该是当前农民工政治融入研究中最重要的维度。维度的辨识有助于政治融入研究的深入开展，将不同维度融入一个概念构建有助于我们较为全面地揭示中国农民工政治融入的路径和模式。

1. 政治认知

阿尔蒙德和维巴对政治认知给出了一个比较成熟的定义，他们认为政治认知是"人们对政治体系、体系的各种角色以及这些角色的承担者、体系的输入和输出的知识和信念"。角色主要是指政府相关结构，角色承担者主要是指政府工作人员，而输入和输出主要是指政策或政府机构或工作人员的行为等。政治认知主要包括政府的重要性、政治意识（或者政治关心）、政治知识掌握、政治意愿表达四个方面的内容。在农民工的研究中，朱煜等（2012）把政治认知定义为"认知主体对政治制度及其作用以及对作为政治象征的国家领导人等各种政治信息输入和输出、知识和信仰的认识和了解程度"，强调农民工对政治制度、政治象征的认识和了解。

政治意识是衡量移民政治融入的重要概念（Garcia，1987；Doerschler，2006），是指人们对有关政治和政府的事情的关心和注意情况（阿尔蒙德、维巴，2014）。根据农民工城市政治生活的特征分析可知，大多数农民工对城市政治体系发生的新闻、事件并不关心（朱煜，2012）。因此，提高农民工的政治认知水平首先就要改变农民工对城市政治的态度，引起他们对城市政治的关心，提升他们的政治意识。

另外，农民工进城后还要面对具体的某个城市所制定的具有区域性特色的农民工服务管理政策。尽管国家对农民工的服务和管理有统一的规定，但是不同的城市由于经济发展状况的差异在农民工服务管理上有着不同的应对措施，例如，宁波市对农民工的服务管理模式是以服务为主的服务核心模式，而北京则是管理与服务并重的综合治理模式等。因此，政治知识的掌握成为大多数学者衡量移民或农民工政治认知的重要指标（Tillie and Slijiper，2006；Doerschler，2006）。

2. 政治参与

政治参与一直是国内外政治融入研究关注的重要维度。农民工研究中多采用王浦劬（2008）的定义，即"政治参与是公民通过各种合法方式参加政治生活，并影响政治体系的构成、运行方式、运行规则和政策过程的行为"，主要包括政治投票、政治选举、政治结社、政治表达、政治接触等。

政治选举活动的参与是公民权利实现的核心内容，是移民在迁入地的政治权利获取的重要标志，是移民政治融入研究中学者们最关心的政治参与形式。政治选举活动的参与是衡量移民政治融入最为重要的指标（Black，1982；Bueker，2005）。在中国，政治选举参与资格与户籍身份挂钩，原则上要求公民必须在户籍所在地参与，如果不在户籍所在地则需要满足一定的条件，开取相应的证明。流动造成农民工与户籍所在地分离，使得他们在户籍所在地的政治选举权利难以实现。而非本地户籍增加了农民工在打工城市参加政治选举活动的难度，选民资格认定困难以及参与成本高等造成农民工参与的比例极低（杨恒生，2010）。因此，选举型政治参与成为衡量农民工在城市政治参与的重要指标。

除了选举型政治活动以外，政府座谈会、向政府求助、听证会、上访等也是政治参与的重要组成部分，是农民工在城市参与的政治活动的主体（王春光，2005；艾丽颖，2006）。这类政治参与没有制度身份的限定，往往是在利益的驱动下或在自身利益受损后进行的（邓秀华，2009），也是农民工在城市最为常见的政治参与形式。因此，非选举型政治参与也应该成为农民工政治参与的重要考量。

3. 政治信任

政治信任被认为是移民政治心理层面融入的核心内容（Garcia，1987；Lamare，1982；Tillie，2004）。对迁入国的忠诚体现了移民对主流政治体系的认同度（Maxwell，2010）。Tillie（2004）把移民对迁入国政治体系的信任作为政治信任，认为如果移民不信任迁入国政府，就有可能成为反政府运动的危险者。若移民群体在心理上对迁入地政治系统没有认同感的话，即使他们的政治认知和政治参与水平再好，也不能说明他们已经完全融入迁入地的政治体系。只有实现心理层面的融入，才能说明移民已经真正融入主流社会的政治体系之中。

目前国内外的政治信任研究为分析农民工政治信任提供了有益的借鉴。政治信任是指公众对政府的产出与他们的期望相一致的信心或者信念（Citrin，1974；Hetherington，1998；Miller，1974）。政治信任是一种系统信任（卢曼，2005），包括政治体制信任、政府机构信任和政府人员信任三个层次（Norris，1999），其中对政治体制信任是最高层次，政府机构信任其次，政府人员信任为最低层次。移民的政治信任主要是移民对迁入国政府的信任感（Michelson，2001；Maxwell，2010）。因此，在政治融入研究中，农民工的政治信任是对城市政府的信任。乡城流动是一种典型的国内流动，城市与农村遵循同一个政治体制，在对农民工的研究中，对政治体制的信任不再被纳入考虑范围。实际上，因流动真正发生变化的是"农村政府机构"变成"城市政府机构"，"农村政府人员"变成"城市政府人员"。因此，对农民工的政治信任研究应排除对政治体系的信任，而着眼于农民工对城市政府机构和政府人员的信任。

此外，本书将对农民工政治融入所辨识出的三个维度与既有文献中的维度关系进行比较（见表3－2）。由于农民工政治融入不涉及政治文化的障碍，因此，与国际移民研究相比，农民工政治融入舍弃了政治文化维度。再则，根据农民工政治融入的特征分析把政治行为维度的内涵进行扩充，划分为政治认知和政治参与，这与 Doerschler（2006）对政治行为的划分基本一致。另外，现有中国农民工政治融入研究主要以政治参与为主，个别学者已经观测到了政治认知维度，把政治意识单独作为政治融入维度之一。尽管如此，农民工现有的维度划分仍然无法涵盖农民工政治融入的内涵，缺乏对政治心理融入层面上的探讨。

表 3 － 2　本研究的政治融入维度与其他学者维度的关系

维度	Lamare（1982）	Garcia（1987）	Tillie（2004）	Jacobs 和 Tillie（2004）	Doerschler（2006）	Tillie 和 Slijper（2006）	Maxwell（2010）	刘建娥等（2014）
政治认知	—	政治行为	—	政治行为	政治认知	—	—	
政治参与	—		政治参与		政治参与	政治参与	—	政治参与
政治信任	政治心理	政治心理	政治信任	政治心理	—	政治信任	政治心理	
其他维度	政治文化	政治文化	政治文化	—	—	—	—	

4. 三个维度的方向和关系

Garcia（1987）、Doerschler（2006）、Tillie（2004）的政治融入理论强调移民通过政治社会化过程逐渐适应城市政治体系，并最终被城市政治体系所同化，这是一个单向同化的过程。结合农民工政治融入的特征分析可知，不论是政治认知、政治参与还是政治信任都是农民工主动对城市政治体系表示关心、了解、参与，乃至信任的结果。因此，本研究也同意国际移民政治融入的观点，认为农民工的政治认知、政治参与和政治信任均为单向融入。

政治融入三个维度之间应该存在怎样的关系？在国际移民的研究中，Lamare（1982）认为政治心理同化要迟于政治文化适应；Garcia（1987）认为政治参与应该是在政治文化适应和政治信任之后；Tillie（2004）则认为政治参与独立于政治文化适应和政治信任之外；Doerschler（2006）将政治认知和政治参与作为相互独立的维度。由此可知，目前政治融入研究的维度关系仍然不够清晰，现有政治融入理论无法对农民工政治融入的维度关系给予直接的支持。

根据已有研究可知：政治认知是政治参与能力的保证，政治意识、政治知识掌握对农民工在城市的政治参与有重要促进作用（王亚新，2009）；同时，政治认知也是政治信任形成的重要原因，根据理性选择理论的逻辑，农民工可以通过自己掌握的政治知识来判断城市政府是否可信。而政治参与经历则是移民最重要的政治社会化经历，根据政治信任的形成理论可知，政治社会化经历对农民工政治信任有直接作用（阿尔蒙德、维巴，2014）。反过来，三个维度之间也存在着相互的作用，其中，政治信任对政治参与、政治认知具有反馈作用，即政治信任水平越高，农民工政治参与的可能性越大，而政治认知越积极。有过政治参与的个人对政府相关知识可能掌握得更多，这种经历也容易促使个人政治认知水平的提升。由于农民工大多是以一个陌生人的身份进入城市的，对城市政治体系没有形成固有的认识，因此其信任的形成更多的是依赖其对城市政府的认知和过往的接触经历，而从行为上参与到城市政治活动中则需要更多知识的积累。从 ABC 态度模型来看，农民工更类似于低介入层级，其态度的形成更依赖于行为学习的过程（所罗门，2011）。因此，本书认为农民工政治融入在主方向上应该是"政治认知→政治参与→政治信任"的过程（见图 3-1）。

鉴于对定义和维度的讨论，本研究最终将农民工政治融入的概念完整地表述为"农民工在政治认知、政治参与和政治信任上由陌生人逐渐向城市政治共同体成员转变的过程"。

二 维度的可行性检验

本节主要采取扎根理论的质性分析方法，验证农民工政治融入维度的

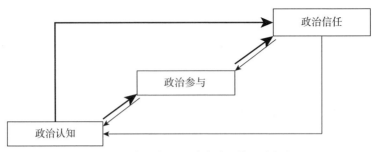

图 3-1　中国农民工政治融入的理论框架

注：本图用线段和箭头表示三个维度之间的作用关系，其中粗线和粗箭头表示相对较强的影响作用，而细线和细箭头则表示相对较弱的反馈作用。

可行性，揭示农民工政治融入的特点。本书首先按照扎根理论的要求对资料进行逐级编码，依次包括开放式登录、关联式登录和核心式登录（陈向明，2000；Strauss，1990）。其中，开放式登录是指在原始资料中寻找类属概念，并对概念范畴化和类属化；关联式登录则是发现和构建不同概念类属之间的联系，以表示资料中各个部分的联系；核心式登录则是在以上分析基础上进一步确定统领性的"核心类属"（陈向明，2000）。其次，对在2012年X市农民工调查中获取的访谈资料进行信息挖掘（见表3-3），验证农民工政治融入概念的可行性，并提出农民工政治融入的特点。

表 3-3　农民工访谈资料信息挖掘

原始资料汇总	概念化	范畴化
对政府的事情不太过问，不关心政府的新闻以及政策方面的动态	政治意识	政治认知
对政府的政策和工作程序不清楚，自己事情太多，没有时间去了解	政治知识掌握	
遇到困难的时候，大多不会去寻求政府的帮助	政府求助行为	政治参与
不太相信政府机构	政府机构信任	政治信任
不太相信政府发布的信息	政府信息信任	

注：原始资料来源于对2012年X市农村外来人口的调查。

在此基础上对两个范畴化概念进行三级编码，建立各个概念之间的有机联系。发现"政治认知"、"政治参与"和"政治信任"分别反映了农民工在城市政治生活中"对城市政治体系的认知情况"、"在城市政治体系中的政治参与情况"以及"对城市政治体系的政治认同情况"，并综合反映出农民工在城市的政治融入状况。

另外，从访谈资料反映的具体内容，可以发现目前农民工政治融入的主要特点如下。

第一，农民工对城市政治体系缺乏积极而充分的认知。一方面他们不关心城市政治体系（包括政府的表现、出台的相关政策等）；另一方面他们不了解城市政治体系的相关知识，甚至不知道与他们切身相关的政策信息，也不清楚如何利用规范的程序去维护自己的利益。

第二，农民工在城市的政治参与意愿不高。即使遇到解决不了的问题，农民工也很少向城市政府寻求帮助。

第三，农民工对城市政府缺乏信任。农民工对城市政府的信任水平较低，不论是对政府发布的信息，还是对政府工作能力等都表现出了不信任；且他们对政府的信任度受他们和政府的接触经历影响。

第四，农民工在城市中政治融入的实现要经历从认知到行为，再到心理的过程。农民工政治行为的前提是对城市政府有足够的认知，而融入心理的形成受到农民工在城市中过往政治经验的影响。

第三节　农民工政治融入概念的操作化

基于农民工政治融入的概念构建工作，本研究把农民工的政治融入划分为三个维度，即政治认知、政治参与和政治信任，三个维度的融入方向均为单向。表 3-4 提供了本研究关于农民工政治融入概念构建的结果及相应的操作化方法。

表 3-4　农民工政治融入的概念构建与测量

维度	测量内容	参考或修改来源
政治认知	政治意识	如阿尔蒙德、维巴（2014）；Doerschler 和 College（2006）等
	政治知识掌握	
政治参与	选举型政治参与	改编自刘建娥（2014）；王桂新、罗恩立（2007）等
	非选举型政治参与	
政治信任	政府机构信任	改编自美国全国选举调查
	政府人员信任	

一 政治认知

阿尔蒙德和维巴（2014）把政治认知划分为政府的重要性、政治意识、政治知识掌握、政治意愿表达四个方面。而移民的政治融入研究中的政治认知主要包括政治意识和政治知识掌握。如 Garcia（1987）把政治意识作为政治融入的重要指标之一，Doerschler（2006）则把政治意识和政治知识掌握均作为政治融入的重要指标。根据农民工政治融入的特征分析可知，农民工政治认知水平普遍偏低，主要表现为农民工对城市政治的冷淡和城市政治知识的匮乏两个方面。因此，本研究对政治认知维度的研究也将从政治意识和政治知识掌握两个指标展开。

农民工的政治意识通过询问受访者是否关心和注意有关政治和政府的事情来掌握，包括是否关心 X 市政府的相关新闻、了解 X 市的一些政策和措施、为 X 市政府提出改善工作的意见和建议，操作为二分类变量（是 = 1，否 = 0）。政治知识的掌握则通过询问被访者是否知道他们在 X 市可以享受哪些政府的政策和服务来衡量，"完全知道""知道一部分""完全不知道"，具体操作为三分类定序变量（完全掌握 = 2，部分掌握 = 1，完全没有掌握 = 0）。

二 政治参与

目前关于农民工政治参与的测度主要有两类。其一，把政治参与划分为政治组织参与、政治活动参与两个方面，其中政治组织主要是指在城市的党团组织、工会组织（王桂新、罗恩立，2007）；政治活动则是指政治投票、政治座谈等（刘建娥，2014b）。其二，还有部分研究者把农民工政治参与划分为制度化政治参与和非制度化政治参与（王春光，2005；倪承海，2001）。非制度化政治参与包括上访等，而制度化政治参与则包括选举、投票、政治结社、政府座谈会、听证会等（王春光，2005；艾丽颖，2006）。前一种政治参与的分类是基于政治参与性质展开的，是参与组织还是参与活动；后一种政治参与则是基于是否属于政治制度体系内来划分的。但这两种政治参与的划分都没有体现出农民工的制度身份对其在城市政治参与中的特殊效应，并且前一种划分方式中的政治组织参与被不少研究作为组织层面的社会资本因素进行分析，事实上它是一种政治参与的渠道。因此，本研究认为现有的两种划分方式都不是农民工政治融入分析的最理想方式。

目前中国只有政治选举活动是与户籍身份紧密联系的，对公民的户籍有一定的要求，而其他的政治参与活动则没有限制。为了突出制度身份的差别，避免将政治参与渠道纳入框架之中，本书重点考虑政治活动参与，并将政治参与划分为选举型政治参与和非选举型政治参与两类。城市的选举型政治参与主要包括人大代表选举、社区居委会的选举；除此之外其他方面的政治活动参与被作为农民工非选举型政治参与（如向政府求助、上访、政府座谈会等）。

对于农民工的选举型政治参与，询问被访者"过去的五年，在 X 市的各级人大选举/社区居委会选举中，您是否参加过投票？"将其操作为二分类变量（是 =1，否 =0）。对于非选举型政治参与，则询问被访者"您在 X 市是否参加过以下活动：向政府部门、社区求助/投诉/反映问题；参加政府、社区组织的座谈会或会议等；上访/集体请愿？"将其操作为二分类变量（是 =1，否 =0）。

三　政治信任

目前关于政治信任的测量主要有三种：一种是美国学者常用的测量方法，从政治信任构成出发，公众对政府机构和政府人员的综合打分得出可信性评价如美国全国选举调查（Miller，1974）；第二种是欧洲学者常用的测量方法，从政府机构出发，关注公众对政府各个机构如军队、法院等的可信性评价，如世界价值观调查（World Value Survey）和新民主晴雨表（New Democracies Barometer，NDB）（胡荣等，2011；熊美娟，2014）；第三种则是国内学者提出的测量方法，从政治信任的层次出发，包括公众对政治体制、政府机构、政治行为者的可信性评价（陈尧，2009）。比较三种测量方式可知，第一种测量方式主要包含政府机构、政府人员两个维度，是比较符合本研究对政治信任维度的构建的；第二种测量方式则仅关注政府机构的可信度，忽略政府工作人员的情况；第三种测量方式虽然比较全面，把机构、人员、体制都纳入进来，但是根据之前对农民工政治信任维度的考量，在城乡政治体制趋同的情况下，对政治体制的信任不能真正反映农民工对城市政府的信任。因此，本研究将借鉴第一种测量方式对政治信任进行测度。

原美国全国选举调查是针对美国一般人群的政治信任状况的测量，测度对象是美国整体政治体系的可信度，具体量表为"您是否信任华盛顿政府做的事情都是正确的？"（1. 总是信任；2. 大多数时间都信任；3. 一些时间信任；4. 不知道）"您觉得政府是由代表少数利益集团的人运作的，还是由代表普通民众利益的人运作的？"（1. 代表普通民众利益的人；2. 代表少数利益集团的人；3. 视情况而定，都有；4. 不知道）"您觉得政府官员是否浪费了很多税收？"（1. 浪费很多；2. 有一些浪费；3. 浪费很少；4. 没有浪费；5. 不知道，不确定）"您觉得大部分政府人员有能力做好自己的工作还是没有能力？"（1. 大部分政府人员有能力；2. 大部分政府人员没有能力；3. 视情况而定；4. 不知道，不确定）"您觉得有多少政府工作人员是值得信赖的？"（1. 几乎没有；2. 不多；3. 大部分；4. 不知道，不确定）（Miller，1974）。

与上述美国政治信任测度对象和应用人群不同，农民工在城市的政治信任是针对某一特定人群对某一特定城市的政治体系的信任。对象和人群的具体化使得量表的问题更具针对性。其一，本研究对农民工政治信任的测度将结合农民工政策环境进行情境设计，联系到农民工的自身利益，强化农民工对城市政府的感受；其二，用特定城市政府来代替一般性政府，明确政治信任的对象；其三，考虑农民工在城市社会遭受制度挤压的现实，把政府机构的公平性纳入量表。此外，还会在措辞上做细微的调整。最终得到的有关农民工政治信任的量表包括以下 6 个题项："X 市政府开展了很多工作，人口相关工作如解决工资拖欠、允许流动人口子女在 X 市接受义务教育、为流动人口提供司法援助和免费计生服务等。对此您的看法是：您认为 X 市政府做的事情有多少是对的？您认为 X 市政府处理流动人口问题有多少是公平的？您认为 X 市政府能在多大程度上保护流动人口的利益？（1. 没有；2. 有小部分；3. 一半；4. 绝大多数；5. 全是）"；"X 市政府领导在电视或报纸上发言时，您觉得他们说的？（1. 都不是真的；2. 有很少是真的；3. 有一半是真的；4. 绝大多数是真的；5. 都是真的）"；"您觉得 X 市大多数政府工作人员在工作中是否诚实可靠？（1. 都不是；2. 很少人是；3. 一半人是；4. 绝大多数人是；5. 都是）"；"您觉得 X 市大多数政府工作人员是否能够胜任他们的工作？（1. 都不能；2. 很少人能；3. 一半人能；4. 绝大多数人能；5. 都能）"。在分析中，把前 3 道题目加总取平均作为政府机构信任，后 3 道题目加总取平均作为政府人员信任，数值越大说明政治信任程度越高。

第四节　本章小结

基于已有文献，结合中国特殊情境，本章对城镇化背景下农民工政治融入的概念进行重新建构。

首先，基于第二章对国内外文献的综述，结合中国社会情境因素和农民工群体的现实特征，选择适用于农民工政治融入概念的理论基础，给出农民工政治融入的界定即"农民工由陌生人逐渐向城市政治共同体成员转变的过程"。

其次，比较中国农民工和国际移民的异同，结合农民工在城市中政治生活的特征，选取政治认知、政治参与和政治信任作为农民工政治融入的三个维度进行研究。并且利用质性访谈数据，采用扎根理论来对三个维度的可行性进行检验，提炼农民工政治融入的特点，最终将农民工政治融入定义为"农民工在政治认知、政治参与和政治信任上由陌生人逐渐向城市政治共同体成员转变的过程"。

最后，根据农民工群体的特征，对政治认知、政治参与和政治信任进行指标设计，完成农民工政治融入概念的操作化。

第四章　农民工政治融入的分析框架

本章的研究目的在于构建一个适用于中国农民工政治融入的分析框架。首先，根据已有理论总结国际移民政治融入一般性解释框架；其次，深入探讨农民工问题的特殊情境，及其对政治融入的影响，构建适用于中国农民工政治融入的分析框架。

第一节　国际移民政治融入的一般性解释框架

目前针对移民政治融入，西方学者发展出了两种主要解释理论：社会化理论和社会资本理论。

社会化理论认为移民在迁入国和迁出国的政治经验及形成的政治文化观念对移民的政治融入有重要影响，通过家庭、学校、人群交往、大众传媒等社会化中介形成移民的社会经历和政治文化观念（阿尔蒙德、维巴，2014；Hess and Torney-Purta，2005），其中社会经历会修正已有的政治文化（阿尔蒙德、维巴，2014）。社会化理论的具体内容如图 4-1 所示。

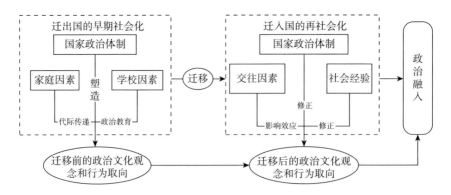

图 4-1　社会化理论视角下移民政治融入的影响机制

（改编自阿尔蒙德、维巴和 Black 等的社会化理论框架）

社会化理论对移民政治融入的解释基于三条路径：其一，迁入国和迁出国的国家政治体制差异越大，移民进入迁入国之后的自身的政治行为取向与迁出国的政治文化冲突越大，移民的政治融入越困难（Koopmans，1999；Portes，1995）；其二，早期社会化过程主要是通过迁出国的家庭经历、学校经历等社会化经验促进移民的政治文化观念和行为取向的形成，进而影响政治融入（Black，Niemi and Powell，1987；Black，1982）；其三，迁移后的再社会化过程是通过与主流社会成员的交往经历以及其他社会经历等社会化经验对移民已有的政治文化观念和行为取向进行修正，从而影响其政治融入（Black，Niemi and Powell，1987）。

基于帕特南的社会资本理论，已有研究认为移民在迁入地的社会信任、组织参与和交往网络对他们的政治融入有明显促进作用。具体的解释路径有三条：其一，在迁入地的社会信任越高，移民越可能形成积极的政治认知、参与政治活动、信任当地政府，从而实现政治融入；其二，参与迁入地的组织可以通过提高组织内部成员的政治技能、进行政治动员以及提升社会信任等方式提高移民政治融入的积极性和可能性；其三，与当地主流人群交往形成的网络关系有助于移民获取主流社会的政治信息，提升移民的社会信任，进而提高移民的政治融入。社会资本理论的具体内容如图4-2所示。

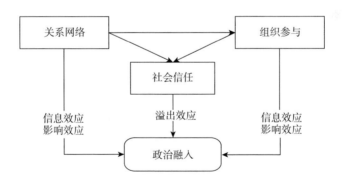

图4-2 社会资本理论视角下移民政治融入的影响机制
（改编自帕特南社会资本理论框架）

根据对已有理论的分析发现，社会资本理论实际上是对社会化理论中的在迁入国再社会化过程中的交往因素进行的专门研究，强调在迁入国形成的社会资本对移民政治融入的影响。另外，迁移本身就是一种重要的社会化过程。迁移不仅是移民从迁出国到迁入国空间位置的改变，还是移民社会角色的改变。生存环境和社会角色的转变都会迫使移民在生活方式、社会交往、价值观等方面发生调整，以便能更好适应迁入国新的社会环境。这是一个不同文化、不同社会经济背景之间的矛盾、冲突、交流并逐渐适应的社会化过程。因此，本书结合社会资本理论与社会化理论的研究，拓展原社会化理论的内涵，形成移民政治融入的一般性解释框架（见图4-3）。

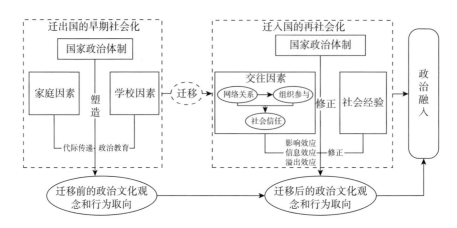

图 4-3　移民政治融入的一般性解释框架（已有理论总结）

该解释框架所涉及的理论主要是基于西方社会文化和国际移民的特有情境构建的，关于解释政治融入的经验研究也主要来自西方社会的情境，特别是很多研究发现都是来自美国的种族、族裔以及移民的情境。尽管政治融入在一定程度上是跨越不同国度和社会情境的移民、少数族裔的普遍行为和心理，但是对于政治融入问题的认识和理解是需要基于不同的社会文化情境来考察的。因而，该解释框架可能存在对中国特定情境下农民工政治融入的解释盲区，难以直接用以指导中国农民工在城市社会的政治融入研究。因此，必须结合中国社会转型期与城镇化背景下农民工政治融入的特殊情境，借鉴国外已有研究理论和方法来修正及补充国际移民政治融入的一般性解释框架，构建适用于解释中国农民工在城市政治融入的分析框架。

第二节　适用于中国农民工政治融入研究的概念框架

上一节通过对西方已有经典政治融入理论的深入总结和解读，总结出国际移民政治融入的解释框架，为本研究提供了很好的研究范式和理论基础；但是该框架主要是基于西方国家社会情境的理论和应用研究而构建，不能够为中国特殊的城乡流动和城镇化背景的农民工政治融入研究提供贴切的框架指导。因此，本节将先对中国社会情境和农民工群体特殊性进行阐述，明晰中国农民工政治融入研究的特殊性；然后，在此基础上对国际移民政治融入的解释框架进行改进，构建适合于城镇化背景下中国农民工政治融入的概念框架。

一 农村社会情境分析

在中国，农民工外出的同时使农村拆分家庭大量涌现，越来越多的农民工子女被留在农村独自长大，农村留守儿童问题已经引起了全社会的广泛关注。亲子分离带来的不仅是农民工子女在情感和照料上的缺失，还阻碍了传统政治文化的传承，影响了农民工子女政治态度和文化观念的形成。而父母外出打工会明显改善农村家庭的经济状况，增加农民工子女接受中等及以上教育的机会。调查结果显示，农村留守儿童的受教育状况明显好于农村非留守儿童（段成荣、杨舸，2008）。学校也是人们未成年期重要的社会化中介之一（阿尔蒙德、维巴，2014；孟天广，2014），正规学校教育受到政府的影响，通常会将政府的政治观点灌输给民众，以影响民众未来的政治取向（孟天广，2014）。随着教育水平的提升农民工的政治行为能力得以增强。随着部分留守的农民工子女进入劳动年龄成为农民工，留守经历已经成为当代农民工在未成年时期最重要的社会化经历之一。

另外，城乡流动属于典型的国内流动，迁入地和迁出地属于同一个国家，两地的国家政治体制完全相同。因此，在迁出地社会化过程的分析中将不再考虑两地的政治体制冲突，而把未成年期的留守经历作为重要的迁出地社会化经历纳入分析。

二 城市社会情境分析

1. 城市制度环境

制度身份是农民工和市民异质性的根源，故制度问题是农民工政治融入研究不可回避的问题。事实上，农民工问题是一个起之于制度而归之于制度的问题（白萌，2013）。政府在不同时期对农民工问题有着不同的认识和应对策略。我国流动人口政策自新中国成立以来经历了限制流动阶段（1984 年以前）、允许流动阶段（1984～1993 年）、限制性流动阶段（1994～1999 年）、农民工权益保障的探索阶段（2000～2006 年）和基本公共服务均等化阶段（2007 年至今）五个时期。农民工市民化政策是现阶段政府解决农民工问题的主要思路，其从户籍制度改革和基本公共服务均等化两方面进行推进。一方面，现阶段的大城市户籍改革制度的改革思路是通过把城市基本公共服务附着于居住证上，保证在城市常住农民工的基本公共服务供给；另一方面，基本公共服务均等化政策要求城市政府为农民工提供与城市居民相同的基本公共服务，解决农民工在城市就业、社会保障、政治权利等方面的弱势地位。不同时期的政策和制度导向限定了农民工在城市政治融入的外部环境。因此，在农民工问题的研究中有必要重点审视城市制度环境对其政治融入的影响。

由于制度身份不同，农民工面临着城市社会福利与社会保障体系全面而持久的排斥，无法享受与市民相同的待遇和制度保障。城市养老保障、医疗保障等覆盖面仍然偏低，相关政策的落实性差，容易形成农民工的二次剥夺的逆向效应（熊景维、钟涨宝，2014）。虽然农民工已经被纳入城市的社会保障体系之中，但常常因为达不到政策规定的最低缴费年限而被"退保"或者"弃保"，很多农民工甚至从城镇社保转入农村社保时还会遭受较大的权益损失。同时，农民工仍然被城市的最低生活保障和住房保障体系排斥在外，专门就业服务供给严重不足（熊景维、钟涨宝，2014）。制度排斥是农民工在城市政治边缘化的主要原因（朱彬彬、朱文文，2006）。

2. 城市社会环境

伴随着农村人口大规模地流入城市，以户籍制度为基础的城乡二元结构在城市社会得到进一步的延伸，形成了实际上的城市二元结构（周大鸣，2000），农民工和城市市民被分割在城市的不同场域（李春玲，2007）。远离城市主流人群的居住环境（郭星华、储卉娟，2004）和就业环境（刘传江，2013）使得农民工被排斥在城市社会之外。一方面，农民工在城市存在着明显的居住隔离现象（卢国显，2010），以城中村和单位宿舍为主的农民工聚居区被认为是农民工在陌生人的现代社会中搭建出的传统意义上的熟人社会，使得社会资源内卷化（郭星华、储卉娟，2004），形成了独立的社区共同体。在城市的物理空间中表现出明显的社会分离和社群隔离的现象（徐琴，2008）。另一方面，就业歧视和自身人力资本的限制使得农民工在城市面临着就业的非正规性和劳动职业的低端化（周大鸣，2000；卢国显，2010；王春光，2006；王毅杰、童星，2004）。非正规就业会极大地降低农民工与市民成为同事的可能性，而劳动职业的低端化会扩大农民工与市民之间就业分离的现实，形成二元劳动力市场的就业隔离。这种由于生活环境和就业环境造成的社会排斥是导致城市政府忽视农民工的一个重要因素，也是农民工产生过客心理，缺乏主动融入城市政治生活的重要原因。

3. 城市政治文化环境

城市社会由于工业的大力发展、经济的快速提高，其政治文化现代化的进程走在农村的前列。由于农村的经济基础仍然是以农业为支撑，生产资料（土地）的固化使得农业具有天生的稳定性，使得农民的传统政治文化习得于封闭的乡村社区，稳定不变的封闭的乡土文化成为农民社会文化的突出表现。城乡流动加快了农民的政治文化向现代化转变的速度（徐增阳，2004），政治文化的传统性被不断削弱，现代性被不断增强（周晓虹，1998），在态度、价值观、行为上从传统的一端逐渐走向现代的一端（英格尔斯，1992）。现代化的社会分工会给人们带来全新的思考方法和行为模式，使人们发生巨大的改变（帕克，1987），即使是城市的街头小贩、三轮车夫、服务员等城市非产业工人也比一般农民的现代性更强（韦林珍、钟海，2007）。随着流动经历的丰富，农民工的政治文化向现代化转变的速度开始加快。

根据社会化理论的逻辑，政治文化观念对移民未来的政治行为取向有重要影响（阿尔蒙德、维巴，2014），而这会直接影响移民在迁入国的政治融入。此外，从移民的政治融入理论来看，政治文化会影响政治参与和政治信任（Garcia，1987）。据此可以推断，农民工政治文化的现代化加速对其政治融入有重要影响。

三 中国农民工群体特性分析

1. 家庭迁移增多

随着农民工在城市工作生活的时间越来越长，家庭式流动的比例逐渐升高（韩嘉玲，2001），越来越多的农民工子女被带到城市社会，成为城市真正意义上的二代移民。据统计，2013 年流动人口中 6~15 岁子女随父母流动的比例已经达到 62.5%，比 2011 年同期上升了 5.2 个百分点（国家人口与计划生育委员会流动人口服务管理司，2014）。家庭迁移逐渐成为农民工主要的迁移模式。虽然家庭内部人员结构没有变化，但是从农村到城市，外部环境发生了巨大的改变，城市更现代的政治环境、教育环境、人文环境以及社会环境等都会对处于未成年时期的农民工子女产生重大影响。已有研究认为随迁农民工子女从农村来到城市，外部社会环境的变化会迫使他们更早地去适应城市社会（郭良春等，2005）等。随着部分有过随迁经历的农民工长大，随迁经历也已经成为当今农民工群体在未成年时期最关键的社会化经历之一。

2. 成年流动经历

就近流动、非永久性流动以及多城流动是当今农民工流动经历的主要特征。其一，农民工流动逐渐由省外流动向省内流动转变，由东部向西部转变，流动距离以近距离流动和中程距离流动为主（叶裕民、黄壬侠，2004；刘俊彦，2007）。2012 年流动人口监测数据显示，西部 11 省地区跨省流动下降，比 2011 年同期减少 188 万人，而省内流动增多，比 2011 年同期增加 17%（国家人口与计划生育委员会流动人口服务管理司，2012）。《2012 年中国流动人口发展报告》指出，中西部输出大省的农民工开始回流，而东部地区农民工的比例出现下降趋势，与 2010 年相比，2011 年中、西部流动人口的比重分别提高了 0.4 个和 0.6 个百分点，东部则下降了 1.1 个百分点。其二，相比国际移民来说，中国农民工受到迁移距离和迁移成本的束缚较小，因而大多数农民工以非正式或非永久性流动（钟水映，2000）、候鸟式流动为主（张斐，2011）。非永久性流动让农民工过客心理更强，不利于他们政治融入的实现。其三，多城市流动是当今中国农民工的又一重要特征。移民研究中认为初代移民从落后的亚非国家来到发达的欧美国家，他们对迁入国家会抱有更加积极的态度，他们的政治融入状况可能更好（Abrajano and Alvarez，2010）。按照这个逻辑，农民工从落后的农村直接进入现代化的城市，他们在城市的政治融入可能更好；但是由于中国农民工的多城流动经历，他们往往会辗转于多个城市之间，在经济发展状况都优于农村的城市之间的流动改变了移民理论中从落后社会到先进社会的理论假设，这可能会改变农民工政治融入的发展趋势。

3. 本地化社会资本

流动造成农民工社会生活场域发生变化，农民工从熟悉的乡土社会进入陌生的现代社会，使得原有流出地社会关系断裂（刘玉兰，2013），迫使农民工在城市重新构建自己的社会资本。城市社会资本中最关键的是本地化社会资本即农民工与本地社会的互动关系，包括农民工进入城市以后与本地居民、本地社会和本地政府之间发生的各种相互关系（任远、陶力，2012）。与初级社会资本相比，本地化社会资本具有本地社会结构的习得性和参与本地社会网络的建构性（任远、陶力，2012）。与移民—居民网络相比，本地化社会资本内涵更为丰富，除了反映农民工与本地市民的社会关系以外，还包括了与本地的社会群体、社会组织和地方政府形成的社会资本。根据社会资本理论的逻辑可知，与主流社会建立的关系对农民工政治融入有重要影响：其一，与市民建立社会联系能够为农民工获得城市政治信息提供途径，对农民工的政治态度和观念产生影响，并提高农民工对城市政府的信任；其二，加入城市组织能够促进农民工利益组织化，并为农民工提供政治信息和政治技能的培训；其三，在城市社会信任的提高能够促进农民工的政治参与和政治信任。

另外，在中国政治权力仍然发挥着重要作用，带有政治色彩的政治社会资本能够为农民工提供更为优质、可靠的政治信息，这是通过其他渠道难以获得的（林南，2005）。因此，本书认为在关注农民工本地社会资本时，必须考虑本地化社会资本在中国社会的政治化演变，关注政治社会资本的作用。政治社会资本作为一种特殊的、具有政治权力色彩的社会资本（Bourdieu，1981），让社会资本原有的信息、影响、信用效应发现异化。首先，信息效应的政治化、优质化。当农民工掌握一定政治社会联系时，其能与处于政治权力结构等级位置上的人建立关系，有助于他们获得更多有效的信息，尤其是获得更多更可靠的政府信息，这是通过其他渠道难以获得的。其次，影响效应的增强化。受传统的"士农工商"思想的影响，农民工会认为政府人员本身就具有一种成功人士的光环，更加值得人们信任，因此他们的态度和行为能够对其产生比其他人群更大的影响。再次，社会信用效应的特殊化。具有政治社会资本往往会被其他人认为有政府"后台"能够获得的政府资源，这也就更容易得到他人或组织的认可。最后，被政府赋予法律地位的正式组织（工会）也已经成为政治知识普及、政治技能培训、政治动员的重要代理机构，也是农民工政治融入的重要渠道。因此，本书将把政府人员网络与正式组织参与作为政治社会资本纳入农民工政治融入研究中来。

四　中国社会情境下解释农民工政治融入概念框架的提出

基于以上对中国社会情境和农民工群体的特殊性的讨论，本书对于国际移民政治融入一般性解释框架进行了扩展和修正，提出适用于中国农民工政治融入的解释框架（见图4-4）。这个框架除了继承国际移民政治融入解释框架的特点以外，还赋予较强的中国本土化色彩，主要体现在以下几个方面。

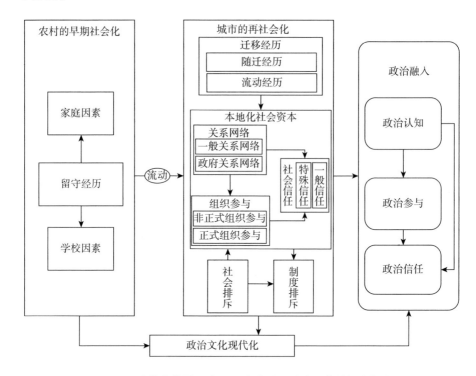

图 4 - 4 城镇化背景下农民工政治融入影响因素的概念框架

第一，根据农民工政治融入的概念界定把原框架中的政治融入内容进行修正，以政治认知、政治参与和政治信任作为农民工政治融入的主要内容。

第二，与原有框架相比，本框架将迁出地和迁入地的政治体制冲突予以剔除。

第三，在迁入地社会化因素分析中，强调农民工未成年时期留守经历的作用。由于留守经历能够反映出农民工在未成年时期的家庭拆分情况和学校教育情况的差异，因此在农村社会化过程中重点关注留守经历。

第四，关注中国城市社会的特殊制度情境，把制度排斥和社会排斥纳入模型进行分析。其中，制度排斥是农民工对中国户籍制度的主观感知，社会排斥则是对中国特殊的城市二元结构的客观反映。

第五，关注中国政治文化转型期的特征，将农民工政治文化现代化替代移民政治文化和行为取向纳入模型。

第六，对原有框架中的社会经历进行修正，重点考察农民工在城市的迁移经历，包括未成年时期的随迁经历和成年之后的流动经历。

第七，与国际移民的一般性解释框架相比，新框架中关注到社会关系中政治权力的重要性，在以往一般意义上的社会资本基础上增加了政治社会资本。

第三节　应用改进后的概念框架分析农民工政治融入

适用于城镇化背景下农民工政治融入研究的概念框架的提出为定量分析中国农民工政治融入的现状及影响因素奠定了理论基础，通过对该框架中的概念进行中国现实情境的本土化操作，形成了可用于城镇化背景下中国农民工政治融入影响因素研究的分析框架（见图4-5）。该分析框架的各要素包括因变量、自变量、控制变量及影响路径。由于因变量在概念构建中已经做了详细介绍，因此本部分将不再对其进行阐释，而重点对其他主要要素进行解释。

一　农村社会情境——留守经历

随着部分有留守经历的农民工子女进入劳动年龄成为农民工，留守经历已经成为当代农民工在未成年期在农村最重要的社会化经历之一。留守意味着政治取向的代际传承的断裂。本研究把未成年期的农村留守经历作为中国农民工在农村社会化经历的代理变量。

二　城市社会情境

1. 城市制度环境——制度排斥（公平感）

农民工对城市政府执政公平的感知能够从主观上反映农民工在城市遭受的制度排斥情况。根据公平理论可知，机会公平、互动公平和结果公平是公平感测量的主要维度（Hochschild，1981；Verba and Orren，1985）。其中，机会公平是指所有社会成员在获得成功上有平等的权利和机会（Rawls，1971）；互动公平则关注执行过程或决定结果时对待对方的态度是否公平（Bies and Moga，1986）；结果公平强调社会成员在收入、财产等有价资源上能够相对均等分配（孟天广，2012）。因此本研究对制度排斥的测量主要从机会不公平感、互动不公平感和结果不公平感三个维度展开。

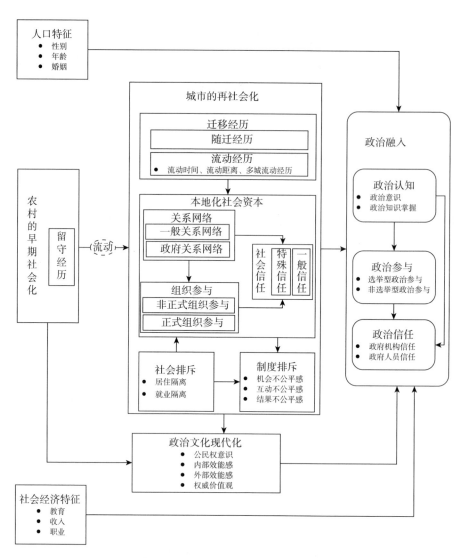

图 4-5　城镇化背景下农民工政治融入影响因素的分析框架

2. 社会环境——社会排斥（社群隔离）

社群隔离能够从客观反映城市对农民工的社会排斥，它是城市二元社会的重要体现。居住和工作环境是农民工在城市生活的主要场域，因此农民工的社群隔离将从居住隔离和就业隔离两方面进行测量。其中，居住隔离主要是指农民工在城市居住在独立的外来人社区；就业隔离主要是指农民工在城市的工作单位中没有市民同事。

68

3. 文化环境——政治文化现代化

当农民工从农村流动到城市，他们的政治文化现代性得以快速提升。流动能够加速农民工政治文化现代性的萌发（周晓虹，1998；韦林珍、钟海，2007）。公民文化是农民工政治文化现代化的一个突出产物，公民意识是公民文化的核心内容。随着流动经历的丰富，农民工的公民意识逐渐形成并得以强化（韦林珍、钟海，2007）。作为平等的权利意识的集中体现——公民权利意识是公民意识最重要、最基本的构成要素（童怀宇，2000）。因此，本书在保留原有的政治文化观念的测量时，把公民权利意识作为政治文化观念纳入分析，最终包括公民权利意识、权威价值观、内部效能感和外部效能感。

三 农民工群体特性

1. 迁移经历

家庭迁移逐渐成为流动人口主要迁移模式，越来越多的农民工子女跟随父母在城市长大，部分曾经随迁的农民工子女已经进入劳动年龄成为农民工。随迁意味着农民工城市化的提前，它已经成为当代农民工在未成年期在城市最重要的社会化经历之一。因此，本研究把随迁经历作为中国农民工在城市未成年期的迁移经历之一。

成年后的近距离、非永久、多城流动成为农民工与国际移民的重要区别之一。因此，本研究把成年流动经历作为农民工的成年社会化经历的代理变量，主要包括流动时间、多城流动经历以及流动距离。

2. 本地化社会资本

在中国政治权力仍然发挥着重要作用，带有政治色彩的政治社会资本能够为农民工提供更为优质、可靠的政治信息，这是通过其他渠道难以获得的（林南，2005）。一方面，受传统的"士农工商"思想的影响，政府工作人员往往被视为成功人士，更值得信任，因此他们为农民工提供的政治信息更容易被农民工所接受；另一方面，被政府赋予法律地位的正式组织也已经成为政治知识普及、政治技能培训的重要机构，也是农民工政治投票的重要渠道。因此，本研究对社会资本的测量进行扩充，把政府人员网络和正式组织参与纳入进来，将市民网络划分为一般市民关系网络和政府人员网络，组织参与则划分为正式组织参与和非正式组织参与。

中国社会差序格局的存在，让农民工把自我作为社会关系的中心，根据情感"关系"和责任区分亲疏远近，形成由内到外的一层层的关系网络（费孝通，1985）。有学者明确指出中国人的"关系"仅存在家人和熟人之间（Hwang，1987），以血缘、地缘为基础建立的私人关系是最不容易被瓦解的，而且彼此拥有最为坚实的信任基础（韦伯，1995；福山，2001；李伟民、梁玉成，2002）。因此，特殊信任成为中国人社会信任最为关键的形式，故本研究把社会信任进一步划分为特殊信任与一般信任。

四　其他个人特征

本书参考已有的实证研究，将其他一些可能影响农民工个人特征的变量纳入分析，主要包括教育、收入、职业、年龄、性别和婚姻状况。其中，近年来随着农民工群体内部收入差距不断拉大（唐灿、冯小双，2000），农民工的职业已经表现出"去体力化"和"去农民工化"的特征（David，2001），专业技术人员、管理精英、私营企业主等处于高层次职业阶层的农民工已经出现（王超恩、符平，2013）。以往研究认为农民工的职业趋于一致，职业划分大多采用体力和非体力（悦中山，2011），没有把职业的多样性考虑进来，而在新框架中将把农民工职业类型划分为受雇普通劳动者、受雇管理者和自雇就业者。

第四节　本章小结

利用社会化理论和社会资本理论，结合中国特殊情境，本章建立了城镇化背景下农民工政治融入的分析框架。

首先，在社会化理论和社会资本理论的基础上，给出国际移民政治融入的一般性解释框架。

其次，在国际移民政治融入的一般性解释框架的基础上，本书分析了农村社会环境、城市社会环境以及农民工群体的特殊性，及其对农民工政治融入的影响，建立了城镇化背景下中国农民工政治融入的概念框架。

最后，在城镇化背景下农民工政治融入研究概念框架的基础上，本书对该框架中的概念进行中国现实情境的本土化操作，形成可用于城镇化背景下中国农民工政治融入影响因素研究的分析框架，为后续实证研究提供理论依据。

第三篇　实证研究

本篇在第一篇国内外研究综述基础上，运用第二篇的概念构建和分析框架进行实证研究。本篇共包括四章：第五章分析农民工政治融入的现状；第六章分析影响农民工政治认知的关键要素；第七章分析农民工政治参与的影响因素；第八章分析农民工政治信任的影响因素。本篇的实证研究为第四篇的主要结论和政策建议提供了依据。

第五章　农民工政治融入的现状分析

本章将对农民工政治融入的现状进行描述。根据第三章对农民工政治融入概念的界定，本章对农民工政治融入的总体状况和三个维度之间的关系进行描述，判断目前农民工政治融入的水平，指出处于极端政治融入状态的农民工的群体特征。此外，本章还试图从生命时间（年龄）、社会时间（家庭状况）和历史时间（政策变迁）三方面勾勒农民工处于不同生命阶段的政治融入的基本特征，推断随着年龄的增长农民工政治融入可能的发展趋势。

第一节　农民工政治融入的总体状况分析

一　农民工政治融入的总体分布

1. 农民工政治认知的总体水平

图 5-1 提供了政治认知两个维度的总体分布情况。从结果来看农民工政治认知的总体状况并不乐观，其中对政治表示关心的比例偏低（占37.76%），接近八成的农民工表示完全没有掌握任何政治知识。这一结果表明绝大多数农民工的政治认知水平偏低，缺乏应有的政治意识与必要的政治知识储备。

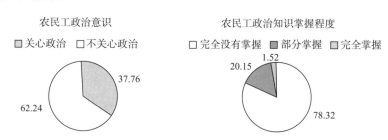

图 5-1　农民工政治认知两个维度的总体分布（单位：%）

2. 农民工政治参与的总体状况

从图 5-2 可以看出，两种类型的政治参与情况都不是特别理想，接近九成的农民工表示没有政治参与的经历。其中，只有 11.58% 的农民工表示在城市有过选举型政治参与的经历，11.75% 的农民工表示有过非选举型政治参与的经历。这很可能与目前大多数农民工游离于政治体系之外、制度化的利益表达渠道不畅通、政治行为能力偏弱以及缺乏足够的政治资源的支持密切相关。

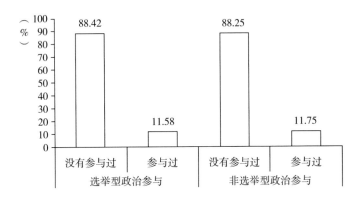

图 5-2　农民工政治参与的总体分布

3. 农民工政治信任的总体状况

根据第三章可知，政治信任的测量量表是借鉴于西方国家研究，因此这个测量工具对农民工政治信任研究的有效性和实用性还需要进行检验。本书主要通过考察量表内部的一致性系数（Cronbach's Alpha 系数）对量表的信度进行检验，若一致性系数超过 0.7，则说明量表的信度较好。检验结果发现政府机构信任的 Cronbach's Alpha 系数达到 0.716，而政府人员信任的 Cronbach's Alpha 系数为 0.767，这说明两个量表的信度良好。此外，由于量表结果范围是 1~5 分，换算为百分制可知，只有当数值超过 3.4 分时才表示农民工的政治信任达到 60 分及格水平，政治信任水平随着分值的增高而提高。

从表 5-1 可以看出，农民工政治信任总体水平偏低，政府机构信任和政府人员信任值均未达到及格线（3.4 分），分别为 3.066 分和 3.323 分。这与《中国社会心态研究报告（2012~2013）》（"社会心态蓝皮书"）的结果基本一致。蓝皮书显示，2011 年中国社会总体信任低于 60 分的"及格线",而在政府机构信任上农民工要明显低于普通居民,普通居民对城市政府机构的信任为 69.2 分(王俊秀、杨宜,2013)。

表 5 - 1　农民工政治信任的总体水平

政治信任	最小值	最大值	均值	标准差	样本量
政府机构信任	1	5	3.066	0.735	1186
政府人员信任	1	5	3.323	0.729	1186

从比较政府机构信任与政府人员信任的差值可以看出,农民工对政治机构的信任明显低于对政府人员的信任,这与以往的研究结果并不一致。以往大多数研究认为公众对政府的不信任主要是来源于他们对政府人员的不信任(胡荣等,2007)。这个结果的出现很可能与传统的顺从型政治文化有关,顺从型政治文化造成人们对官员的信任超越对机构本身的信任。而农村社会的封闭性导致顺从型政治文化对农民工的影响更深刻,且政治文化本身具有稳定和不易改变的特征(Shi,2001)。因此,当农民工从农村流动到城市,顺从型政治文化很可能继续成为主导他们政治信任的关键。

二　农民工政治融入三维度关系的初探

本研究认为政治融入的三个维度是一个递进的过程,即"政治认知→政治参与→政治信任",为验证三者之间的关系,本节将对其展开分析。

1. 政治认知和政治参与

表 5 - 2 给出了政治融入中的政治认知与政治参与之间的相关性分析。

表 5 - 2　农民工政治认知与政治参与

单位:%

政治融入	选举型政治参与		LR 检验	非选举型政治参与		LR 检验
	参与	没有参与		参与	没有参与	
政治意识						
关心	12.20	87.80	ns	14.09	85.91	* * *
不关心	10.71	89.29		8.04	91.96	

续表

政治融入	选举型政治参与		LR 检验	非选举型政治参与		LR 检验
	参与	没有参与		参与	没有参与	
政治知识掌握						
完全掌握	61.11	38.89		38.89	61.11	
部分掌握	12.97	87.03	＊＊＊	17.57	82.43	＊＊＊
完全没掌握	10.33	89.67		9.80	90.20	

注：＊＊＊p＜0.01；＊＊p＜0.05；＊p＜0.1，ns 代表不显著。

结果表明，政治认知与政治参与之间存在显著的正向关系，即随着政治认知水平的提升，政治参与的比例明显增大。其中，政治意识水平越高，农民工的非选举型政治参与可能性越大；政治知识掌握程度越高，农民工选举型政治参与和非选举型政治参与的可能性均越大。这个结果符合政治融入的概念框架。

2. 政治认知和政治信任

表 5－3 对农民工政治认知与政治信任之间的相关关系进行分析。结果发现，总体而言政治认知与政治信任存在着明显的正向相关关系。其中，政治意识与政治信任呈现了显著的正向关系，即政治意识水平越高，则农民工政府机构信任、政府人员信任均越高，这个结果与前文的研究假设基本一致。

表 5－3　农民工政治认知与政治信任

政治融入	政府机构信任		T 检验	政府人员信任		T 检验
	均值	标准差		均值	标准差	
政治意识						
关心	3.105	0.729	＊＊	3.383	0.730	＊＊＊
不关心	3.002	0.742		3.222	0.718	
政治知识掌握						
完全掌握	3.019	0.661		3.278	0.880	
部分掌握	3.269	0.739	＊＊＊	3.460	0.738	＊＊＊
完全没掌握	3.015	0.727		3.288	0.721	

注：＊＊＊p＜0.01；＊＊p＜0.05；＊p＜0.1，ns 代表不显著。

而政治知识掌握程度与政治信任呈现出一个倒 U 形的相关关系，掌握部分政治知识的农民工的政治机构信任、政治人员信任最高，完全没有掌握政治知识的和完全掌握政治知识的农民工政治信任水平明显偏低。这个结果与前文的研究假设没有完全一致，这也说明农民工政治融入三个维度之间的关系远比我们原假设要复杂。这一现象的出现很可能与城市政府没有为农民工提供与市民相同的公共服务有关，即当农民工了解到自己在城市能够获得一定的公共服务时他们对城市政府的信任度可能会增加；而当他们对相关政策完全了解之后，他们会发现自己虽然享受了一定的公共服务但仍然低于市民，进而导致他们的政治信任水平回落。

3. 政治参与和政治信任

表 5-4 给出了农民工政治参与和政治信任的相关关系。

表 5-4　农民工政治参与和政治信任

政治融入	政府机构信任		T 检验	政府人员信任		T 检验
	均值	标准差		均值	标准差	
选举型政治参与						
参与	3.039	0.695	ns	3.357	0.730	ns
没有参与	3.070	0.741		3.318	0.727	
非选举型政治参与						
参与	3.007	0.756	ns	3.155	0.759	＊＊＊
没有参与	3.074	0.732		3.345	0.723	

注：＊＊＊ $p<0.01$；＊＊ $p<0.05$；＊ $p<0.1$，ns 代表不显著。

结果显示，农民工政治参与和政治信任之间存在着一定的负向相关关系，主要体现在非选举型政治参与和政府人员信任上，即与参加过非选举型政治参与相比，没有参加过的农民工对政府人员的信任水平更高。这很可能与非选举型政治参与经历的结果密切相关，农民工的非选举型政治参与经历很可能是一次不成功的经历，即通过非选举型政治参与未能达到农民工的预期目的，这样会导致他们对城市政府更加不信任。

第二节　农民工政治融入极端状况分析

基于上一节对农民工政治融入总体状况的分析，为了进一步探讨农民工政治融入的现状，本节将对处于极端状态的农民工政治融入进行剖析，指出处于这种状态的农民工的群体特征，为提高农民工政治融入政策的针对性提供支持。需要说明的是，此处的极端政治融入状态主要是指处于完全政治融入和完全政治边缘化的农民工。其中完全政治融入的农民工是指政治认知水平高（有政治意识且掌握了政治知识）、政治参与水平高（既有选举型政治参与也有非选举型政治参与）、政治信任水平高（政府机构信任水平高且政府人员信任水平也高）的农民工；完全政治边缘化的农民工是指政治认知水平低（既没有政治意识且政治知识完全没有掌握）、政治参与水平低（既没有选举型政治参与也没有非选举型政治参与）、政治信任水平低（政府机构信任水平低且政府人员信任水平低）的农民工。同时，为了更好地分析这两种极端状态，本节把政治知识掌握中的完全掌握和部分掌握合并为掌握了政治知识，将政治信任低于3.4分的作为政治信任水平低，等于或高于3.4分的作为政治信任水平高。

一　农民工处于政治融入极端状态的分布

从图5-3中可以看到，处于完全政治融入状态的农民工比例十分低，仅占0.17%，处于完全政治边缘化的农民工占14.67%，处于政治融入的中间状态的农民工则占了绝大多数。这一结果说明，虽然农民工政治融入总体水平不甚乐观，但是必须看到农民工政治融入有了向上发展的势头，实现完全融入的农民工已经出现。

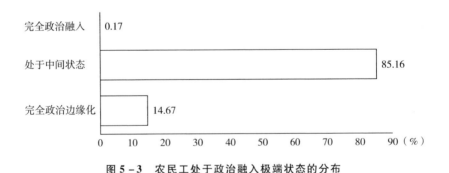

图5-3　农民工处于政治融入极端状态的分布

二　处于政治融入极端状态农民工的群体特征分析

一方面，由于处于完全政治融入状态的农民工比例十分低，难以做统计分析；另一方面，完全政治边缘化是政治融入最差的状态，这一部分农民工的政治融入问题很可能成为解决整体农民工政治融入问题的关键。故本节重点分析处于政治边缘化的农民工的群体特征。

从表5-5中可以看出，年龄较小、未婚的农民工（特别是女性农民工）陷入政治边缘化的比例更高，很可能是因为这部分农民工对政策的需求少，缺乏政治融入的内驱力。

从社会经济特征来看，处于初中教育程度和大专及以上教育程度的农民工陷入政治边缘化的概率更高（分别占16.56%和16.12%）。此外，收入和职业虽然在统计上没有显著区别，但是从分布上看，收入越低，农民工处于政治边缘化的概率越高；而比起自雇就业的农民工来说，受雇农民工处于政治边缘化的概率更高，且随着受雇就业的职业阶层的提升，政治边缘化的概率逐渐上升。

表5-5　处于政治边缘化的农民工群体特征分析

单位:%

项目	处于政治边缘化	没有处于政治边缘化	LR检验/T检验
人口特征			
性别			
女性	18.82	81.18	
男性	11.36	88.64	***
年龄（均值）	28.632（7.705）	30.535（8.738）	***
婚姻			
未婚	16.97	83.03	
已婚	13.02	86.98	*
社会经济特征			
教育			
小学及以下	7.69	92.31	
初中	16.56	83.44	
高中	12.95	87.05	*
大专及以上	16.12	83.88	

续表

项目	处于政治边缘化	没有处于政治边缘化	LR 检验/T 检验
收入（均值）	2034.626（1430.669）	2254.145（1923.795）	ns
职业			
受雇普通劳动者	14.97	85.03	
受雇管理者	15.06	84.94	ns
自雇者	13.02	86.98	

注：＊＊＊ p＜0.01；＊＊ p＜0.05；＊ p＜0.1，ns 代表不显著。

第三节　农民工政治融入的生命历程发展趋势分析

为了进一步分析农民工政治融入随着农民工生命历程的变化可能呈现的发展趋势，本节基于生命历程理论，探讨生命历程与农民工政治融入之间的关系。在分析中把生命历程划分为三种时间维度：生命时间、社会时间和历史时间（包蕾萍，2005）。其中生命时间主要是指农民工的实际生理年龄；社会时间是指农民工自身的"关键性生命时间"，即未婚、已婚未育、已婚已育；历史时间则是指农民工外出务工时所处的流动人口政策的时期即限制流动阶段（1984 年以前）、允许流动阶段（1984～1993 年）、限制性流动阶段（1994～1999 年）、流动人口权益保障的探索阶段（2000～2006 年）和基本公共服务均等化阶段（2007 年至今）五个时期，其中在1999 年以前不论是限制流动、允许流动还是限制性流动阶段的中国流动人口政策均以控制和管理为主，故在分析中将前三个阶段进行合并。

一　生命时间与农民工政治融入

图 5-4 给出了农民工政治认知随着生命时间的推移呈现的状况，结果显示，政治意识随着年龄的提升呈现出先下降、后上升、再下降的趋势，其中进入 21～30 岁年龄组时农民工的政治意识明显下滑，而进入 31～50 岁时呈现出一个上升趋势，进入 51 岁以后则又出现明显的回落。相比较而言，政治知识掌握程度随着年龄的变化趋势基本与政治意识一致，但是变化的幅度较小。

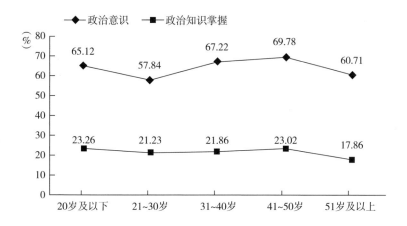

图 5 - 4　农民工政治认知的生命时间分布

图 5 - 5 提供了农民工政治参与随着生命时间的变化而变化的趋势。从数据结果来看，选举型政治参与随着年龄的增长呈现出一条明显的倒 U 形曲线，41～50 岁以前随着年龄的增长选举型政治参与比例不断提升，在 41～50 岁时达到顶峰，之后开始迅速下降；非选举型政治参与则呈现一个先下降、后上升、再下降的趋势，整体趋势与政治认知相似，但是峰值发生了偏移，处于 31～40 岁年龄组的非选举型政治参与比例达到顶峰，比政治认知和选举型政治参与的峰值出现得更早，41 岁之后开始下降。

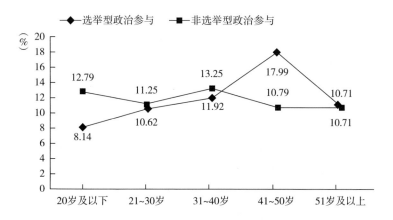

图 5 - 5　农民工政治参与的生命时间分布

图 5-6 提供了农民工政治信任随生命时间变化而变化的情况，总体上看农民工政治信任两个层次都呈现出一个先下降、后上升、再下降的过程。进入 21~30 岁时农民工的政治信任开始迅速下降，到 41~50 岁时农民工的政治信任水平达到最高，51 岁以后开始出现明显的回落。农民工对政府机构的信任最低点出现在 31~40 岁年龄组，即自 21 岁之后信任水平逐渐下降，直到 41 岁后才开始快速上升；而农民工对政府人员的信任最低点提前，出现在 21~30 岁年龄组，进入 31 岁之后就开始明显上升。

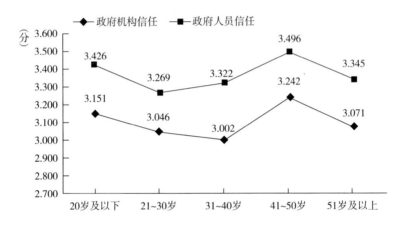

图 5-6　农民工政治信任的生命时间分布

由以上分析可知，除了非选举型政治参与以外，农民工政治融入水平其他维度的二次峰值均出现在 41~50 岁这个年龄组中，这很可能与处于这个年龄阶段的农民工的社会经济状况及生活状况相关。一般来说，大多数处于这个年龄段的农民工已经进入了自己事业的顶峰，经济状况的改善为他们政治融入提供了物质保障；他们的子女则可能已经进入劳动年龄，子女抚养义务完成使得他们对城市政府的政策需求下降，对城市政府政策供需不匹配的感知降低，进而他们政治融入的可能性更高。

进入 51 岁之后农民工所有政治融入的维度都出现了不同程度的下降，这可能与农民工进入生理老化期以及老一代农民工教育水平低下相关。随着农民工进入老年期，他们的经济状况、精力和身体状况都会不同程度地开始下滑，这会对农民工政治融入状况造成明显的负向影响；并且 51 岁以上的农民工大多为第一代农民工，他们的受教育程度明显比新一代农民工更低，教育程度的低下会限制农民工政治行为能力进而导致他们政治融入的失败。

根据农民工政治融入的生命时间的分布情况可以推测，随着年龄的增长，农民工政治融入可能是一个先下降、后上升、再下降的发展过程。

二　社会时间与农民工政治融入

图 5－7 提供了随着社会时间的变化农民工政治融入的发展趋势。从政治意识来看，农民工政治意识与社会时间呈现出一条 U 形曲线，即从未婚到已婚农民工的政治意识水平逐渐下降，当从已婚未育走到已婚已育时他们的政治意识则又开始逐渐上升；而政治知识掌握却呈现了一条倒 U 形曲线，即从未婚到已婚，农民工的政治知识掌握程度逐渐升高，而从已婚未育到已婚已育，他们的政治知识掌握程度有所回落。

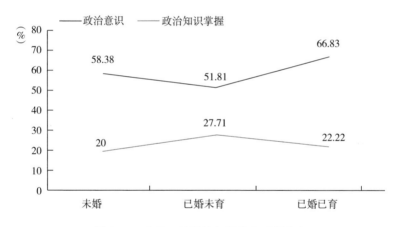

图 5－7　农民工政治认知的社会时间分布

图 5－8 提供了随着社会时间的变化农民工政治参与水平的改变。数据结果显示，选举型政治参与呈现出一条倒 U 形的曲线，即从未婚到已婚未育农民工的选举型政治参与的比例明显提升，而从已婚未育到已婚已育则选举型政治参与的比例有所回落；非选举型政治参与则呈现出一个 U 形曲线，即从未婚到已婚未育农民工非选举型政治参与的比例下降，而从已婚未育到已婚已育农民工的非选举型政治参与比例开始回升，最终选举型政治参与和非选举型政治参与在已婚已育上的比例趋于一致。

图 5－9 提供了随着社会时间的变化农民工政治信任水平的发展趋势。数据结果显示，总体上来看政府机构信任和政府人员信任呈现了一条相似

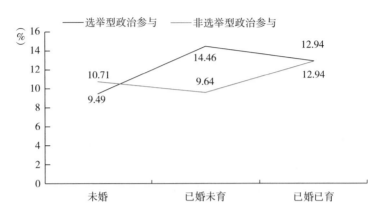

图 5 - 8　农民工政治参与的社会时间分布

的发展趋势——U 形曲线。从政府机构信任来看，处于不同生命历程阶段的农民工政府机构信任变化不明显，几乎处于同一条水平线上，相对来说已婚未育的农民工对政府机构的信任更低；而政府人员信任则呈现出一条明显的 U 形曲线，已婚未育的农民工对政府人员的信任最低，已婚已育的农民工对政府人员的信任最高。

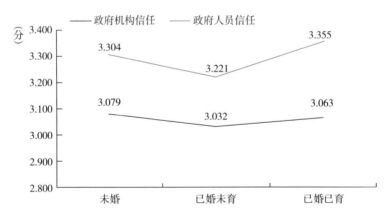

图 5 - 9　农民工政治信任的社会时间分布

根据农民工政治融入的社会时间分布情况可知，除了政治知识掌握和选举型政治参与以外，农民工政治融入的其他维度在农民工处于已婚未育阶段时状况最差。这可能与已婚未育的农民工的群体特性有关。一方面，比起未婚农民工来说，他们已经完成了婚姻大事，而未婚农民工可能还面临着结婚的困难，在婚姻缔结过程中需要城市政府给予一定的政策支持；相比已婚已育的农民工来说，这群人则还没有面临抚养孩子的压力。因此，就目前的生存状态来看，他们的政策需求最低，导致其政治融入的内驱力不足。

而在政治知识掌握和选举型政治参与上，社会时间则呈现出一条倒 U 形的曲线，即已婚未育的农民工的政治知识掌握和选举型政治参与的水平最高。这很可能是因为已婚未育农民工既没有成婚的担忧也没有子女抚养的负担，故可能拥有更多的时间、精力和金钱去了解相应的政治知识和参加政治选举活动。

最后根据政治融入的社会时间分布可以推测，随着农民工从未婚到已婚未育，再到已婚已育，总体上政治融入呈现的是一条 U 形的发展曲线，最终呈现出一个较好的政治融入水平。

三　历史时间与农民工政治融入

图 5 - 10 提供了外出务工时期不同的农民工政治认知水平的分布情况。对于政治意识来说，经历过流动人口政策转变次数越多的农民工政治意识水平越高；而政治知识掌握的变化相对平缓，呈现了一条平缓的 U 形曲线，即于 2000 ~ 2006 年流动人口权益保障的探索阶段外出的农民工政治知识掌握水平最低，而 1999 年及以前外出的农民工政治知识掌握水平最高。

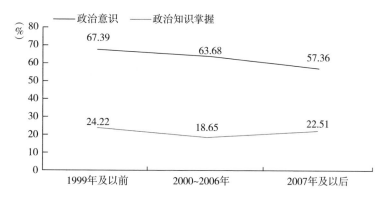

图 5 - 10　农民工政治认知的历史时间分布

图 5‑11 提供了外出务工时期不同的农民工政治参与水平的分布情况。总的来说农民工政治参与呈现了一个明显下降的趋势,即经历了越多流动人口政策变革的农民工政治参与的可能性越高,经历的政策变革阶段越少则农民工政治参与的可能性越低。相比较而言,选举型政治参与的下降速度明显高于非选举型政治参与,经历过两次及以上流动人口政策变革的农民工选举型政治参与的可能性高于非选举型政治参与,而没有经历过流动人口政策变革的农民工选举型政治参与的可能性明显更低。

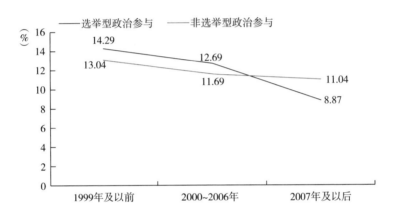

图 5‑11　农民工政治参与的历史时间分布

图 5‑12 则提供了外出务工时期不同的农民工政治信任水平的分布情况。总的来说,农民工政治信任呈现了一条 U 形曲线,经历过两个阶段流动人口政策变革的农民工政治信任水平明显更低,而经历过三次及以上流动人口政策变革的农民工对政府人员的信任最高,而没有经历过政策变革的农民工对政府机构的信任最高。

根据以上分析可知,总体来说,农民工经历的政策变迁越多,他们的政治融入状况越好。经历过三次及以上政策变迁的农民工政治融入水平最高,这可能与政策本身有关,农民工政策从控制管理到服务与管理并重再到公共服务均等化的变迁,意味着农民工在城市生存与发展的权益从无到有,有过政策变迁经历的农民工能够更加深刻地认识到政策变迁给他们带来的明显收益,进而促进他们政治融入水平的提升。

据此可以推测,随着城市相关政策对农民工权益保护力度的逐渐增大,农民工在城市政治权利的逐渐实现,农民工政治融入水平也会随之上升。

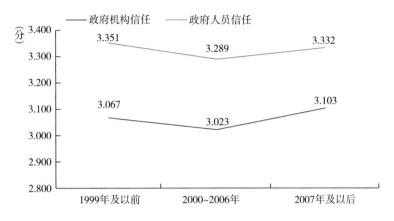

图 5-12 农民工政治信任的历史时间分布

第四节 本章小结

基于农民工政治融入的定义和维度划分，本章对农民工政治融入的现状进行分析。首先，在对农民工政治融入的总体状况分析的基础上，关注了农民工政治融入三个维度之间的关系；其次，对处于政治融入极端状况的农民工的情况进行描述，指出处于政治边缘化农民工的群体特征；最后，基于生命历程理论对年龄进行划分，从生命时间、社会时间和历史时间三方面对农民工政治融入发展趋势进行预测。

首先，从总体状况来看，农民工的政治融入水平并不乐观。其中，政治认知水平偏低，绝大多数农民工没有政治意识（占62.24%），且有接近八成的农民工表示完全没有掌握任何政治知识；总体政治参与比例也不高，只有11.58%的农民工表示有过选举型政治参与，11.75%的表示有过非选举型政治参与；政治信任水平更是没有达到及格线，政府机构信任和政府人员信任均低于3.4分。分析政治融入的三个维度之间的关系可知，政治认知与政治参与、政治信任均有明显的正向关系，即随着政治认知水平的提高，农民工政治参与和政治信任的水平均显著提升；而政治参与和政治信任只存在一定程度的负向关系，即仅在非选举型政治参与和政府人员信任上有显著负向关系，即与参加过非选举型政治参与的农民工相比，没有参加过的农民工对政府人员的信任更高。

其次，从农民工政治融入极端状况的分析可知，虽然农民工整体政治融入状况不太理想，但是农民工政治融入有了向上发展的势头，完全融入城市政治体系的农民工已经出现。数据结果显示，已有 0.17% 的农民工处于完全政治融入状态。分析处于政治边缘化农民工的群体特征发现，女性、年龄较小、处于未婚阶段、受教育程度处于初中和大专及以上的农民工更容易陷入政治边缘化。

最后，从农民工政治融入年龄发展趋势的分析可知，随着生命时间（年龄）的增长他们的政治融入状况可能是一个先下降、后上升、再下降的过程。其中 41～50 岁是农民工政治融入的二次峰值，而进入 51 岁以后逐渐开始下降；农民工处于不同的生命阶段，农民工的政治融入呈现的是一条 U 形的曲线，即除了政治知识掌握和选举型政治参与以外，已婚未育的农民工在其他维度的政治融入状况均最差；农民工经历的政策变迁越多他们的政治融入状况越好，即城市政策越向农民工倾斜他们的政治融入状况越好。

第六章　农民工政治认知的影响因素研究

本章基于第三章和第四章构建的农民工政治融入概念和分析框架，以农民工政治认知为分析对象，在政治认知维度上对农民工政治融入的分析框架进行细化并提出研究假设，并利用 2012 年 X 市农民工调查数据进行验证，分析农民工政治认知的影响因素。

第一节　研究设计

一　研究目标

理性的政治认知是扭转农民工政治边缘化的前提，是实现农民工政治融入的第一步。本书在重构农民工政治融入的概念中已经说明，政治认知主要涉及农民工的政治意识和政治知识掌握两方面内容。对城市政治体系的不关心与政治知识掌握的匮乏是农民工在城市政治认知方面的突出表现。为了解决农民工政治认知低下的问题、推动政治融入的进程，本章将在第四章分析框架的指导下，着重探讨农民工在农村的早期社会化、在城市的后社会化以及政治文化现代化阶段对政治认知的影响，并利用 2012 年 X 市农民工调查数据建立回归分析模型。具体研究目标包括以下两个方面：

第一，验证本书建构的农民工政治融入分析框架对政治认知研究的有效性；

第二，分析农民工政治认知的关键影响因素及影响路径。

二　研究假设

基于第四章城镇化背景下农民工政治融入的分析框架（见图 4－5），本章进一步细化政治认知的分析框架。在框架的细化过程中，也将遵循总框架的研究逻辑，从农民工迁移入手，结合时间的发展序列展开：首先，关注迁移前农民工在农村的早期社会化过程，以未成年期是否有留守经历作为主要变量纳入，分析未成年期的留守经历对农民工政治认知的作用；其次，关注迁移后农民工在城市的后社会化过程，以制度排斥作为农民工对城市制度的主观感知，以社会排斥反映农民工在城市社会生活的客观情况，以本地化社会资本反映城市人群交往情况，以迁移经历反映城市生活经历，分析制度排斥、社会排斥、本地化社会资本以及迁移经历对农民工政治认知的影响；再次，以目前的政治文化观念衡量农民工政治文化现代化的状况，分析政治文化现代化对农民工政治认知的作用；最后，根据经验研究的结论，把社会经济地位和人口特征纳入框架中作为控制变量。围绕细化后的政治认知分析框架，本研究进一步提出具体假设。

1. 农村的早期社会化过程的假设

对一般人群的研究发现，未成年时期社会化经历会直接影响人们的政治认知（Jennings，1983），家庭是未成年期最基本的社会化中介，父母的政治态度可以通过家庭成员之间的交流传递给子女（阿尔蒙德、维巴，2014），政治认知具有明显的代际传递特征。留守经历限制了农民工在未成年时期与父母的沟通与交流，阻碍了农村传统政治文化观念的传承，减弱了传统文化对农民工的影响。而父母外出改善了农民工的家庭经济状况，提供了其接受学校教育的可能性（段成荣、杨舸，2008），教育水平的提升有利于提高农民工子女的政治信息获取能力，促进农民工政治认知水平的提升。父辈外出造成农村传统文化影响的减弱和个人政治行为能力的增强，有利于促进农民工政治认知水平的提升。据此提出假设：

假设 6 - 1：与没有留守经历的农民工相比，有留守经历的农民工政治认知水平更高。

2. 城市社会化过程的假设

（1）制度排斥

制度排斥是农民工在城市生活中最常见的现实问题。由于制度身份的不同，农民工面临着城市社会福利与社会保障体系全面而持久的排斥，无法享受与市民相同的待遇和制度保障（熊景维、钟涨宝，2014）。并且制度排斥还是导致农民工在城市处于经济弱势的主要原因，诸多实证研究结果证明，农民工与市民的收入差距主要来自制度排斥（邓曲恒，2007；姚先国、赖普清，2004；谢桂华，2007）。权益无法保障、经济地位处于弱势强化了农民工对来自城市制度的歧视和不公平的感知，这会在很大程度上打击农民工关心和了解城市政府的意愿，导致农民工政治认知水平的下降。制度排斥主要通过农民工对城市政府执政的公平感知进行测量。根据公平理论可知，机会公平、互动公平和结果公平是公平感测量的主要维度（Hochschild，1981；Verba and Orren，1985）。据此提出研究假设：

假设 6 - 2：与没有感知到制度排斥的农民工相比，感知到的农民工政治认知水平更低；

假设 6 - 2.1：与没有感知到机会不公平的农民工相比，感知到的农民工政治认知水平更低；

假设 6 - 2.2：与没有感知到互动不公平的农民工相比，感知到的农民工政治认知水平更低；

假设 6 - 2.3：与没有感知到结果不公平的农民工相比，感知到的农民工政治认知水平更低。

（2）社会排斥

社会排斥主要是通过农民工在城市是否处于社群隔离状况来反映，主要包括就业隔离和居住隔离两个方面。在城市的居住环境和就业环境反映出农民工在城市的政治信息获取能力。移民研究发现，社区类型和邻居种群会影响迁入地政治信息的流动，生活在少数族裔聚集地的移民获取主流社会的政治信息会受到社区组织的控制。与主流社会尤其是与主流人群交往是获取政治信息的主要渠道（Seo，2011）。居住隔离和就业隔离会降低农民工与市民发生接触的可能性，进而影响他们政治信息的获取。与居住在以市民为主的小区和与工作环境中有市民的农民工相比，住在城中村、单位宿舍以及工作环境中没有市民同事的农民工，在生活、工作中与市民接触的可能性更低，而与其他外来人口接触的可能性更高，这使他们获取城市政治信息的可能性降低。社会排斥（社群隔离）限制了农民工获取政治信息的数量和质量，进而影响农民工政治认知的形成。据此提出假设：

假设 6 - 3：与没有社会排斥的农民工相比，有社会排斥的农民工政治认知水平更低；

假设 6 - 3.1：与没有居住隔离的农民工相比，有居住隔离的农民工政治认知水平更低；

假设 6 - 3.2：与没有就业隔离的农民工相比，有就业隔离的农民工政治认知水平更低。

（3）本地化社会资本

农民工在城市形成的本地化社会资本可以通过信息效应和影响效应改变农民工政治信息获取的意愿和渠道，影响农民工政治认知水平的提升。国外研究中，Pasek、Kenski 和 Romer（2006）的研究结论证实组织参与对美国年轻人的政治认知形成有显著的促进作用。其中，社会资本能够通过促进社会合作和社会信任来为政治认知的形成奠定基础（Coleman，1990）。其一，与市民建立社会联系能够为农民工获得城市政治信息提供渠道，尤其是与城市政府工作人员形成的关系网络能够为农民工提供更准确的政治信息；其二，城市组织参与能够加大农民工与市民的交往密度，加快信息传递的速度以及加深信息分享的程度，尤其是正式组织往往被作为政府政策宣传的渠道，能够为农民工提供更多的政治信息；其三，社会信任可以反映农民工对城市的认同感和归属感。其中，一般信任越高则表明农民工对城市大部分人表示认同，对城市的归属感越高，获取政治信息的意愿可能越强；而特殊信任越高则表明农民工仅对自己所属圈子的认同，对城市的归属感越低，获取政治信息的意愿可能越低。政治信息渠道和政治意愿的差异造成农民工对城市政治认识水平发生变化。据此提出假设：

假设 6 - 4：本地化社会资本对农民工政治认知有重要影响；

假设 6 - 4.1：关系网络规模越大，农民工政治认知水平越高；

假设 6 - 4.1.1：一般市民网络规模越大，农民工政治认知水平越高；

假设 6 - 4.1.2：政府人员网络规模越大，农民工政治认知水平越高；

假设 6 - 4.1.3：政府人员网络比一般市民网络对农民工政治认知的影响更大；

假设 6 - 4.2：与没有组织参与的农民工相比，有组织参与的农民工政治认知水平更高；

假设 6 - 4.2.1：与没有非正式组织参与的农民工相比，有非正式组织参与的农民工政治认知水平更高；

假设 6 - 4.2.2：与没有正式组织参与的农民工相比，有正式组织参与的农民工政治认知水平更高；

假设 6 - 4.2.3：正式组织参与比非正式组织参与对农民工政治认知的影响更大；

假设 6 - 4.3：社会信任对农民工政治认知有重要影响；

假设6-4.3.1：一般信任水平越高，农民工政治认知水平越高；

假设6-4.3.2：特殊信任水平越高，农民工政治认知水平越低。

（4）迁移经历

迁移经历是农民工在城市的社会化和再社会化过程中最主要的经历之一。一方面，随着家庭流动的增多（韩嘉玲，2001），越来越多的农民工在未成年期就进入城市，虽然家庭内部结构没有发生变化，但其外部生活环境有了巨大改变。城市更加现代化的教育环境、政治环境、文化环境以及社会环境会促使他们更早地适应城市社会（郭良春等，2005）。根据相关移民研究发现，二代移民的文化适应尤其是语言方面远高于一代移民（André，2014），对迁入地语言掌握程度越高，其政治融入越好（Tillie，2004）。对城市语言的掌握能够促进移民更好地获取城市的政治信息，进而提升他们的政治认知水平。据此提出假设：

假设6-5：与没有随迁经历的农民工相比，有随迁经历的农民工政治认知水平更高。

另一方面，非永久、近距离、多城流动是现阶段农民工流动的主要特征。其一，现阶段多数农民工以非正式或非永久性流动（钟水映，2000）、候鸟式流动为主（张斐，2011）。根据社会化理论可知，迁移时间越长，移民的政治融入越好（Arvizu and Garcia，1996；Ramakrishnan and Espenshade，2001；Cain，Kiewiet and Uhlaner，1991；Wong，2000）。流动时间越长，农民工的城市语言掌握状况越好（悦中山，2011），留在本地发展的意愿越高（刘茜等，2013）。掌握城市语言让农民工获取城市政治信息的能力增强，留城意愿会提高农民工获取政治信息的意愿。其二，伴随着农民工迁移模式的转变，近距离流动逐渐成为农民工流动的主要方式。与省外流动相比，省内流动的农民工对城市语言的掌握程度明显更高（悦中山，2011），这有助于农民工获取城市政治信息，促进农民工政治认知水平的提升。其三，由于迁移成本较低，多城流动是农民工流动的重要特征。移民研究中认为移民的迁移稳定性越高，政治融入的状况越好（Arvizu and Garcia，1996；Ramakrishnan and Espenshade，2001；Cain，Kiewiet and Uhlaner，1991；Wong，2000）。多城流动反映出农民工流动的不稳定性，隐含着农民工在城市生活的过客心态，这会导致农民工主动融入城市的内驱力下降，降低农民工获取城市政治信息的动力，进而导致农民工政治认知水平的下降。据此提出假设：

假设 6－6：流动经历对农民工政治认知有重要影响；

假设 6－6.1：流动时间越长的农民工政治认知水平越高；

假设 6－6.2：相比省内流动的农民工，省外流动的农民工政治认知水平更低；

假设 6－6.3：与没有多城流动经历的农民工相比，有多城流动经历的农民工政治认知水平更低。

3. 政治文化现代化的假设

我国农村政治文化经历了从旧的顺从型政治文化向现代参与型政治文化的转变。城乡流动加快了农民工政治文化现代化转变的速度，传统文化被不断削弱，现代文化被不断增强。随着农民工流动经历的丰富，参与型政治文化将被不断增强。阿尔蒙德和维巴（2014）的公民文化理论指出，拥有公民文化的公众，获取政治信息的意愿更强烈，政治认知水平更高。根据公民文化的特征可知，公民权利意识越强，政治效能感越高，权威价值观越弱，表明农民工政治文化现代化越强。据此提出假设：

假设 6－7：政治文化现代化越强，农民工政治认知水平越高；

假设 6－7.1：与没有公民权利意识的农民工相比，有公民权利意识的农民工政治认知水平更高；

假设 6－7.2：内部效能感越强，农民工政治认知水平越高；

假设 6－7.3：外部效能感越强，农民工政治认知水平越高；

假设 6－7.4：权威价值观越弱，农民工政治认知水平越高。

三　变量设置

1. 因变量

政治意识：被访者是否关心和注意有关政治和政府的事情（没有意识＝1，有意识＝0）。

政治知识掌握：被访者是否知道他们在 X 市可以享受哪些政府的政策和服务（完全掌握＝2，部分掌握＝1，完全没有掌握＝0）。

由于因变量已经在现状分析中进行过详细的介绍，故本章将不再对其进行描述。

2. 自变量

由于留守经历和随迁经历都是由父辈的流动导致的，因此，在具体的自变量处理上把未成年期的农村留守经历与未成年期的随迁经历进行合并。

制度排斥和社会排斥均是由于城乡二元体制和户籍制度分割产生的制度后果，故在分析中把制度排斥和社会排斥统一纳入城市制度与社会环境模块下进行分析。具体变量设置如下。

（1）制度与社会环境因素

制度排斥（公平感）：机会不公平感即农民工对户籍制度公平性的评价（感知到不公平 =1，没有感知到不公平 =0）；互动不公平感即农民工对政府工作人员在执行公务的过程中能否公平对待市民和农民工的评价（感知到不公平 =1，没有感知到不公平 =0）；结果不公平感即农民工的经济状况与市民的比较评价（感知到不公平 =1，没有感知到不公平 =0）。

社会排斥（社群隔离）：居住环境，被访者居住在何种类型的小区（城中村 =3，相对独立的外来人口居住区 =2，城市普通住宅小区 =1）；就业环境，被访者工作单位或者工作场域中是否有市民（有 =1，没有 =0）。

从表 6 -1 的结果来看，在城市中，不少农民工已经逐步摆脱制度排斥和社会排斥的状况。一方面，有不到六成的农民工感受到了制度排斥，且从机会到互动再到结果，农民工的不公平感知逐渐增强，其中有59.1%的农民工感受到了结果不公平，超过1/3的农民工感受到了机会不公平和互动不公平；另一方面，有不到一半的农民工生活在非普通市民小区，其中居住在相对独立的外来人口居住区的占18.4%，住在城中村的占29.4%，此外，还有24.7%的农民工面临着就业隔离，即他们的工作单位或者就业场域中没有市民同事。

表 6 -1　制度与社会环境因素的描述（N =1186）

变量名称	参照组	取值范围	均值
制度排斥（公平感）			
机会不公平感	没有不公平感知	0，1	0.342
互动不公平感	没有不公平感知	0，1	0.369
结果不公平感	没有不公平感知	0，1	0.591
社会排斥（社群隔离）			
居住环境	居住在普通市民小区		
相对独立的外来人口居住区		0，1	0.184
城中村		0，1	0.296
就业环境	就业单位里有市民	0，1	0.247

（2）本地化社会资本

市民网络：一般市民网络，被访者交往人群中除了政府人员以外的一般市民的规模（连续变量）；政府人员网络，被访者交往人群中 X 市政府人员的规模（连续变量）。

城市组织参与：非正式组织参与，询问被访者在 X 市是否参加了非正式组织如各种俱乐部、老乡会等（是 = 1，否 = 0）；正式组织参与，询问被访者在 X 市是否参加了工会组织。

社会信任：特殊信任，询问被访者"在 X 市，私人关系比正式合同重要得多"（信任 = 1，不信任 = 0）；一般信任，询问被访者"在 X 市，您认为大多数人是可以信任的，还是和人越小心相处越好？"（信任 = 1，不信任 = 0）。

其中，一般市民网络、非正式组织参与、特殊信任和一般信任属于一般社会资本；政府人员网络和正式组织参与属于政治社会资本。

表 6 - 2 给出了农民工社会资本存量的描述。从结果来看，农民工在城市社会资本存量普遍偏低。其一，市民网络规模总体均值不超过 5 个人，比较而言，一般市民网络规模显著高于政府工作人员网络规模，高出约 10 倍，这可能和政府人员是特定群体有关，其本身规模就远远小于一般市民人群，而政府人员本身处于整个城市社会结构中的较高位置，与农民工的社会阶层差距较大，因此农民工构建政府人员网络的难度也相对更大。其二，城市组织参与的比例偏低，比较两种组织参与情况发现，正式组织参与的比例明显低于非正式组织，这很有可能是因为正式组织参与的门槛高于非正式组织。其三，整体的社会信任水平也不高，其中特殊信任中表示信任的比例为 56.9%，而一般信任中表示信任的比例仅为 36.3%。比较两种信任水平发现，农民工的特殊信任远高于一般信任。这与《中国社会心态研究报告（2012～2013）》（"社会心态蓝皮书"）发现的结果基本一致（王俊秀、杨宜，2013），也反映出中国传统社会信任的格局，即随着关系紧密度的增加人们的信任逐渐增强（费孝通，1985）。

表 6 - 2　本地化社会资本的描述（N = 1186）

变量名称	参照组	取值范围	均值（标准差）
市民网络			
一般市民网络规模	连续变量	0 ~ 70	4.512（6.736）
政府人员网络规模	连续变量	0 ~ 20	0.430（1.536）

变量名称	参照组	取值范围	均值（标准差）
城市组织参与			
非正式组织	没有参与组织	0，1	0.223
正式组织	没有参与组织	0，1	0.114
社会信任			
一般信任	不信任	0，1	0.363
特殊信任	不信任	0，1	0.569

（3）迁移经历

未成年期留守随迁经历：询问被访者 18 岁以前父母曾经是否外出打工，且在此期间他最主要生活在哪里。把父母没有外出打工的作为父辈无流动；把父母双方或者一方外出打工，同时自己留在家乡生活作为有留守经历；把父母双方或者一方外出打工，同时自己随父母（或一方）外出作为有随迁经历（有随迁经历 =2，有留守经历 =1，父辈无流动 =0）。

成年期流动经历：流动时间，询问被访者第一次外出务工的时间（连续变量）；多城流动经历，询问被访者在来 X 市之前有没有去过其他城市（去过其他城市 =1，没有去过其他城市 =0）；流动距离（来自省外 =1，来自省内 =0）。

表 6 - 3 给出了农民工社会化因素的描述。从数据结果来看，不少农民工在未成年期有过留守随迁经历，其中 24% 的农民工表示他们在未成年期经历过父母外出自己独自留在农村生活的经历，还有 6.1% 的农民工表示他们曾经跟随父母在城市生活过。这表明，随着新生代农民工逐渐代替老一代成为农民工主体，农民工群体在未成年期的结构分化会日益明显。从农民工成年期的流动经历来看，绝大多数农民工来 X 市以前去过其他城市打工，平均外出时间达到了 9.073 年，并以来自省内的近距离流动为主。

表 6 - 3　迁移经历的描述（N = 1186）

变量名称	参照组	取值范围	均值（标准差）
未成年期留守随迁经历	父辈无流动		
留守经历		0，1	0.240
随迁经历		0，1	0.061

变量名称	参照组	取值范围	均值（标准差）
流动时间	连续变量	0 ~ 32	9.073（6.786）
流动距离	来自省内	0，1	0.374
去过其他城市	没有去过其他城市	0，1	0.379

（4）政治文化现代化

公民权利意识：农民工是否意识到自己应与市民拥有相同的权利和履行相同的义务（有意识 = 1，没有意识 = 0）。

效能感：内部效能感，询问被访者"像我这样的人，无权评价政府"（强 = 1，弱 = 0）；外部效能感，询问被访者"政府人员不太在乎我这样的人有何想法"（强 = 1，弱 = 0）。

权威主义价值观：参考马得勇（2007）的量表，在调查中询问被访者"凡是政府的政策和规定我都必须服从""政府所做的事情一般都是对的""政府领导就像一家之长，我们应该服从他们的决定""服从政府总是不会错的"，答案均采用"非常不同意"到"非常同意"五级评价。在分析中四道题目加总，Alpha 值为 0.7594，量表信度可以接受。

表 6 - 4 给出了农民工政治文化的描述性分析，结果表明农民工的政治文化呈现出较为明显的现代化特征。首先，74% 的农民工已经具备了公民权利意识；其次，虽然外部效能感仍然不强，但农民工的内部效能感已呈现出绝对优势，63% 的农民工表现出较强的内部效能感；最后，农民工的权威主义价值观开始弱化，均值仅为 11.058，换算为百分制仅为 44.11 分，没有达到基本及格线。

表 6 - 4 政治文化现代化的描述（N = 1186）

变量名称	参照组	取值范围	均值（标准差）
公民权利意识	没有公民权利意识	0，1	0.740
内部效能感	内部效能感弱	0，1	0.630
外部效能感	外部效能感弱	0，1	0.321
权威主义价值观	连续变量	4 - 20	11.058（3.133）

3. 控制变量

社会经济特征：职业，被访者从事的职业（自雇 = 2，管理者 = 1，普通劳动者 = 0）；收入，询问被访者近半年的月收入（连续变量）；教育程度，被访者的受教育程度（大专及以上 = 3，高中 = 2，初中 = 1，小学及以下 = 0）。

人口特征：性别（男 = 1，女 = 0）、年龄（连续变量）、婚姻（已婚 = 1，未婚 = 0）。

表 6 - 5 提供了农民工其他控制变量的描述性分析，数据结果表明，农民工的社会经济地位已经呈现出明显的分化，其中从事受雇管理层的农民工比例达到了 20.2%，从事自雇就业的农民工比例也达到了 16.2%；平均收入达到 2221.939，且内部差异十分明显，方差值达到了 1860.754；受过大专及以上教育的农民工比例为 23%，受过高中教育的农民工比例为 30.6%；整体农民工群体以男性、已婚人群为主，年龄偏年轻，平均年龄为 30 岁左右。

表 6 - 5　其他控制变量的描述（N = 1186）

变量名称	参照组	取值范围	均值（标准差）
职业	受雇普通劳动者		
管理层		0，1	0.202
自雇		0，1	0.162
收入	连续变量	400～35000	2221.939（1860.754）
收入（对数）	连续变量	5.994～10.463	7.557（0.498）
教育	小学及以下		
初中		0，1	0.387
高中		0，1	0.306
大专及以上		0，1	0.230
已婚	未婚	0，1	0.583
年龄	连续变量	16～60	30.255（8.617）
年龄^2/1000	连续变量	0.256～3.6	0.990（0.597）
男性	女性	0，1	0.557

四　方法与策略

由于因变量—农民工政治意识是一个二分类变量，因此为了分析农民工政治意识的影响因素，采用二元 Logistic 回归模型作为分析模型，模型公式为：

$$\text{logit}(y_1) = \ln\left(\frac{p}{1-p}\right) = \sum_{i=1}^{n}\beta_i x_i + \beta_0 \tag{6-1}$$

公式（6-1）中 y_1 表示农民工的政治意识状况；p 表示农民工有政治意识的概率，参考项为"没有政治意识"；x_i 表示自变量；β_i 表示回归系数；β_0 表示误差项。

因变量二农民工的政治知识掌握是一个定序变量，故该变量的影响因素分析主要采用 Ordinal Logistic 回归模型作为基本分析模型，模型公式为：

$$v_j = \sum_{i=1}^{j} p_i \tag{6-2}$$

$$\text{Ologit}(y_2) = \ln\left(\frac{v_j}{1-v_j}\right) = \sum_{i=1}^{n}\varepsilon_i x_i + \varepsilon_0 \tag{6-3}$$

公式（6-2）、公式（6-3）中 y_2 表示农民工政治知识的掌握状况；v_j（$j=1$，2，3）表示农民工掌握政治知识的累积概率；p_i（$i=1$，2，3）表示农民工掌握政治知识的概率，其中 p_1 表示完全没有掌握政治知识的概率，p_2 表示掌握部分政治知识的概率，p_3 表示完全掌握政治知识的概率；x_i 表示自变量；ε_i 表示回归系数；ε_0 表示误差项。

为了检验农民工政治认知影响因素的解释框架的有效性：首先，验证农民工政治意识的影响因素分析框架，分别建立以单个因素模块为主变量的单独模型和所有变量同时纳入的全模型，用以判断每类因素对于政治意识的解释力和稳健性，进而对整个综合框架进行验证；其次，验证农民工政治知识掌握的影响因素分析框架，分别建立以单个因素模块为主变量的单独模型和所有变量同时纳入的全模型，用以判断每类因素对于政治知识掌握的解释力和稳健性，进而对整个综合框架进行评估；最后，比较政治认知的两个指标在影响因素上的异同，辨析出影响政治认知最关键的因素及影响路径。

第二节　农民工政治意识的影响因素分析

从制度与社会环境因素来看，社会排斥是影响农民工政治意识的主要因素。数据结果显示，社会排斥呈现较为稳定的负向作用。从居住环境来看，与居住在普通市民小区的农民工相比，居住在相对独立的外来人口居住区和居住在城中村的农民工政治意识水平显著更低；从就业环境来看，与工作单位中有市民同事的农民工相比，工作场域中没有市民同事的农民工的政治意识水平明显更低（见模型6-1和模型6-5）。而我们预期的可能对农民工政治意识产生重要影响的制度排斥，从经验数据的验证结果来看并没有引起农民工政治意识水平的明显下降。这也隐喻着，尽管当前城镇化政策已经开始调整，但是仍然未能扭转大多数农民工身份等级差异的固有思维。

从本地化社会资本的检验结果来看，社会资本对农民工政治意识有着显著的促进作用，主要体现在一般信任上（见模型6-2和模型6-5）。市民网络和组织参与对农民工政治意识没有显著作用。这很可能是因为：其一，"不谈政治"是中国人交往的潜在规则，大多数农民工在与其他人交往或与同组织成员的交流中会主动或被动地屏蔽政治方面的内容；其二，根据"同质性"命题可知，农民工大多和自己情况类似的人群交往，或者参与一些与自己情况类似的人群组织，这意味着其交往的人群大多会和自身政治意识水平相当，彼此之间交流很难引发自身政治意识的改变。

检验迁移经历的作用发现，流动距离是影响农民工政治意识的关键，即来自省外的农民工对政治表示关心的可能性显著低于来自省内的农民工；而未成年期的留守随迁经历、成年后的多城流动经历、流动时间对农民工的政治意识没有明显影响（见模型6-3和模型6-5）。这可能与农民工和所在城市利益关联的紧密度以及本地语言掌握有关。相比较而言，来自省外农民工与当地政府的公共服务的关联度更小，对当地的归属感更弱，"落叶归根"的传统思想让他们更多地抱有过客心理，主动关心当地政治体系的内驱力明显更低。

从政治文化现代化的作用来看，随着政治文化现代化的提升，农民工的政治意识水平也显著提升，从单独检验模型到全模型政治文化现代化的作用力有所下降。其中，在单独检验模型中公民权利意识、内部效能感和外部效能感对农民工的政治意识水平都具有明显的正向作用；而在全模型中内部效能感的作用消失，公民权利意识、外部效能感的正向作用的系数变小（见模型6-4和模型6-5）。这个结果表明政治文化现代化对农民工政治意识的作用可能存在着其他因素的中介效应。此外，两个模型的结果表明政治文化现代化对政治意识的正向作用是稳健的，验证了分析框架中政治文化现代化对政治意识的作用。

从其他控制变量的作用来看，性别对农民工政治意识有着持续稳定的正向作用，即男性农民工的政治意识水平显著高于女性（见模型6-1至模型6-5）。这与以往的研究结论基本一致。这可能与社会性别分工、男女对自己的社会性别角色的认识以及男女在教育背景、工作经历的差别密切相关（LLM Bennett and SE Bennett，1989）。值得注意的是，个人的社会经济地位对农民工政治意识完全没有作用，这是与以往的研究相悖的。本研究认为这可能与现今发达的大众传媒系统，尤其是电视、网络的普及有关。因为电视、网络的普及降低了农民工关心政治所需的经济、时间等成本以及必要的知识储备，从而导致社会经济地位的作用消失。农民工政治意识影响因素的回归分析结果见表6-6。

表6-6 农民工政治意识影响因素的回归分析结果（N=1186，Odds ratio）

变量	模型6-1	模型6-2	模型6-3	模型6-4	模型6-5
制度与社会环境因素					
机会不公平感（无不公平感知）	1.235 (0.162)				1.081 (0.152)
互动不公平感（无不公平感知）	0.972 (0.124)				1.005 (0.138)
结果不公平感（无不公平感知）	1.100 (0.143)				1.089 (0.147)
居住环境（普通市民小区）					
相对独立的外来人口居住区	0.520 *** (0.0969)				0.562 *** (0.108)
城中村	0.699 ** (0.103)				0.776 * (0.118)
就业环境（有市民）	0.689 ** (0.103)				0.715 ** (0.111)
本地化社会资本					
一般市民网络规模		1.015 (0.0101)			1.006 (0.0103)

续表

变量	模型 6 - 1	模型 6 - 2	模型 6 - 3	模型 6 - 4	模型 6 - 5
政府人员网络规模		1.030 (0.0469)			1.032 (0.0478)
城市非正式组织（没有参与）		1.281 (0.203)			1.255 (0.206)
城市正式组织（没有参与）		1.356 (0.289)			1.387 (0.306)
一般信任（不信任）		1.455 *** (0.189)			1.353 ** (0.184)
特殊信任（不信任）		1.034 (0.129)			0.999 (0.131)
迁移经历					
未成年期经历（父辈无流动）					
留守经历			1.157 (0.173)		1.134 (0.175)
随迁经历			1.066 (0.279)		1.000 (0.271)
流动时间			0.996 (0.0141)		0.994 (0.0145)
流动距离（省内）			0.780 * (0.101)		0.784 * (0.107)
去过其他城市（没去过）			1.129 (0.147)		1.168 (0.160)
政治文化现代化					
公民权利意识（无）				1.820 *** (0.256)	1.719 *** (0.256)
内部效能感（弱）				1.315 ** (0.178)	1.251 (0.174)
外部效能感（弱）				1.633 *** (0.233)	1.614 *** (0.235)

续表

变量	模型 6 - 1	模型 6 - 2	模型 6 - 3	模型 6 - 4	模型 6 - 5
控制变量					
职业（普通劳动者）					
管理层	1.059 (0.176)	1.058 (0.174)	1.070 (0.175)	1.079 (0.180)	1.025 (0.177)
自雇	0.979 (0.179)	0.971 (0.177)	0.995 (0.179)	0.932 (0.170)	0.982 (0.187)
收入（对数）	1.078 (0.153)	1.048 (0.145)	1.119 (0.155)	1.152 (0.162)	1.123 (0.168)
教育（小学及以下）					
初中	0.805 (0.206)	0.798 (0.204)	0.851 (0.216)	0.795 (0.205)	0.767 (0.203)
高中	0.809 (0.216)	0.843 (0.224)	0.900 (0.238)	0.817 (0.220)	0.715 (0.199)
大专及以上	0.989 (0.285)	1.124 (0.318)	1.247 (0.357)	1.115 (0.321)	0.906 (0.277)
已婚	1.299 (0.225)	1.216 (0.210)	1.323 (0.229)	1.244 (0.218)	1.205 (0.217)
年龄	0.949 (0.0536)	0.981 (0.0548)	0.976 (0.0582)	0.981 (0.0558)	0.975 (0.0612)
年龄^2/1000	2.428 (1.919)	1.493 (1.165)	1.702 (1.379)	1.600 (1.268)	1.803 (1.535)
男性	1.525*** (0.199)	1.448*** (0.186)	1.461*** (0.187)	1.415*** (0.184)	1.432*** (0.193)
常数项	2.864 (3.761)	0.829 (1.042)	0.659 (0.868)	0.198 (0.263)	0.473 (0.701)
Pseudo R^2	0.0292	0.0270	0.0188	0.0424	0.0629
Log Lik	-763.3***	-765.0***	-771.4***	-752.9***	-736.8***

注：*** $p<0.01$；** $p<0.05$；* $p<0.1$；ns 代表不显著；括号内代表参照组。

第三节　农民工政治知识掌握的影响因素分析

从制度与社会环境因素来看，制度排斥和社会排斥对农民工的政治知识掌握都产生了显著的抑制作用。在制度排斥中，互动不公平感是影响农民工政治知识掌握的关键，即当农民工感受到互动不公平时他们的政治知识掌握度将明显更低（见模型6-6和模型6-10）。这说明互动不公平感是目前公平感的三个维度中影响农民工政治知识掌握的最主要形式，意味着农民工的政治知识掌握程度更直接地受到与政府发生互动关系过程中的感受的影响。另外，社会排斥对农民工的政治知识掌握的抑制作用不容忽视。不论是单独检验模型还是全模型，居住隔离和就业隔离都显示出对农民工政治知识掌握的抑制作用，其中，居住在相对独立的外来人口居住区、城中村和就业环境中没有市民同事的农民工，其政治知识掌握程度显著更低（见模型6-6和模型6-10）。这个结果也验证了分析框架中城市制度与社会环境因素对政治知识掌握的作用。

在本地化社会资本因素的检验中发现了一些有意思的结果，总的来说社会资本对农民工政治知识的掌握有着显著的促进作用。其中，在单独检验模型中发现，随着一般市民网络规模的扩大、参与了城市的正式组织和非正式组织、一般信任水平越高，农民工政治知识掌握度越高；而随着特殊信任水平的升高，农民工政治知识掌握度反而越低（见模型6-7）。而在全模型中，社会资本对政治知识掌握的总体解释力下降，其中一般市民网络规模、正式组织参与以及一般信任的解释系数下降，而特殊信任的负向作用完全消失（见模型6-10）。比较政治社会资本和一般社会资本的解释情况发现，一般社会资本对农民工政治知识掌握度的解释力明显高于政治社会资本，如一般市民网络规模对农民工政治知识掌握有显著的正向作用，而政府人员网络规模则没有明显作用，城市非正式组织参与的正向系数明显大于正式组织参与。本结果与原假设对政治社会资本作用力的假定差异较大。这可能是因为农民工对政府官员网络的使用率明显低于一般市民网络。此外，组织参与成为社会资本中对政治知识掌握解释力度最强的变量。这可能是因为，当今中国的正式组织和部分非正式组织已经成为政策宣传的渠道，组织内部的政策宣传能够促进农民工对政治知识的掌握。

　　检验迁移经历的作用时发现，流动距离是影响农民工政治知识掌握的关键，即来自省外的农民工的政治知识掌握程度显著低于来自省内的农民工（见模型 6 - 8 和模型 6 - 10）。这很可能与政治意识的原因相近，即来自省外的农民工与当地公共服务的利益关系更淡薄，受到"落叶归根"的过客心理扰动，他们获取政治知识的动力降低。此外，省内流动者对本地语言掌握能力更高，更容易获取当地的政治知识。成年后的多城流动经历只在单独检验模型中对农民工的政治知识掌握情况有抑制作用，进入全模型后抑制作用消失（见模型 6 - 8 和模型 6 - 10），这说明多城流动经历对农民工的政治知识掌握的影响不具有稳健性。

　　从政治文化现代化的作用来看，随着政治文化现代化的提升，农民工的政治知识掌握程度也有一定的提升，即外部效能感越强农民工政治知识掌握的程度越高（见模型 6 - 9 和模型 6 - 10）。而公民权利意识、权威主义价值观以及内部效能感对其没有明显的作用。这可能与外部效能感本身的含义有关，外部效能感暗含着农民工对政府影响力的认识，当他们认为自己能够影响到城市政府时他们更有可能去获取相应的政治知识。

　　从其他控制变量来看，社会经济特征对农民工政治知识掌握有重要的促进作用，在单独检验模型中（见模型 6 - 6 至模型 6 - 9），收入和教育对政治知识掌握都呈现出显著的正向作用；进入全模型后，收入依然发挥着重要的正向促进作用，且解释力被放大，而教育对农民工政治知识掌握的正向作用消失（见模型 6 - 10）。事实上，社会经济地位是衡量个人政治行为能力的一个重要指标（阿尔蒙德、维巴，2014），收入越高，农民工的经济实力越强，而较强的经济实力为农民工获取政治知识提供了重要的物质保障。此外，由于大众传播媒体的普及，教育对于农民工掌握政治知识的限制作用逐渐降低。农民工政治知识掌握影响因素的回归分析结果见表 6 - 7。

表 6 - 7　农民工政治知识掌握影响因素的回归分析结果 （N = 1186，Odds ratio）

变量	模型 6 - 6	模型 6 - 7	模型 6 - 8	模型 6 - 9	模型 6 - 10
制度与社会环境因素					
机会不公平感 （无不公平感知）	1.194				1.198
					(0.194)
互动不公平感 （无不公平感知）	0.648 ***				0.668 **
	(0.101)				(0.112)

续表

变量	模型 6 - 6	模型 6 - 7	模型 6 - 8	模型 6 - 9	模型 6 - 10
结果不公平感（无不公平感知）	0.983 (0.150)				1.030 (0.165)
居住环境（普通市民小区）					
相对独立的外来人口居住区	0.538*** (0.121)				0.570** (0.133)
城中村	0.686** (0.112)				0.753* (0.130)
就业环境（有市民）	0.604*** (0.115)				0.587*** (0.117)
本地化社会资本					
一般市民网络规模		1.026** (0.0101)			1.018* (0.0105)
政府人员网络规模		1.058 (0.0434)			1.048 (0.0446)
城市非正式组织（没有参与）		1.850*** (0.312)			1.920*** (0.336)
城市正式组织（没有参与）		1.801*** (0.383)			1.781*** (0.391)
一般信任（不信任）		1.547*** (0.230)			1.412** (0.219)
特殊信任（不信任）		0.744** (0.110)			0.785 (0.121)
迁移经历					
未成年期经历（父辈无流动）					
留守经历			0.851 (0.152)		0.823 (0.152)
随迁经历			0.841 (0.275)		0.777 (0.265)

续表

变量	模型 6 - 6	模型 6 - 7	模型 6 - 8	模型 6 - 9	模型 6 - 10
流动时间			0.997 (0.0162)		0.994 (0.0174)
省外（省内）			0.702 ** (0.110)		0.673 ** (0.111)
去过其他城市（没去过）			0.743 * (0.116)		0.804 (0.131)
政治文化现代化					
公民权利意识（无）				1.152 (0.197)	0.990 (0.182)
内部效能感（弱）				1.142 (0.184)	1.086 (0.184)
外部效能感（弱）				1.558 *** (0.242)	1.483 ** (0.240)
权威主义价值观				1.033 (0.0247)	1.023 (0.0263)
控制变量					
职业（普通劳动者）					
管理层	1.040 (0.195)	1.055 (0.200)	1.209 (0.224)	1.117 (0.206)	0.996 (0.197)
自雇	0.965 (0.206)	1.002 (0.215)	1.032 (0.217)	0.964 (0.202)	1.050 (0.235)
收入（对数）	1.610 *** (0.259)	1.472 ** (0.233)	1.717 *** (0.271)	1.658 *** (0.257)	1.655 *** (0.282)
教育（小学及以下）					
初中	1.536 (0.514)	1.482 (0.505)	1.540 (0.512)	1.601 (0.534)	1.515 (0.530)

变量	模型 6 – 6	模型 6 – 7	模型 6 – 8	模型 6 – 9	模型 6 – 10
高中	1.840 * (0.631)	1.905 * (0.666)	1.901 * (0.649)	2.101 ** (0.719)	1.671 (0.605)
大专及以上	1.565 (0.569)	1.709 (0.628)	1.637 (0.596)	1.978 * (0.713)	1.351 (0.528)
已婚	1.272 (0.262)	1.090 (0.226)	1.299 (0.264)	1.164 (0.235)	1.170 (0.251)
年龄	0.929 (0.0610)	0.976 (0.0638)	0.968 (0.0674)	0.969 (0.0632)	0.982 (0.0721)
年龄^2/1000	2.808 (2.541)	1.388 (1.250)	1.489 (1.383)	1.637 (1.468)	1.253 (1.231)
男性	1.207 (0.188)	1.163 (0.180)	1.199 (0.184)	1.124 (0.171)	1.237 (0.200)
截距 1	30.52 ** (46.76)	125.4 *** (46.76)	198.1 *** (186.7)	447.8 *** (304.9)	139.8 *** (680.4)
截距 2	578.0 *** (896.8)	2482 *** (3749)	3683 *** (5744)	8331 *** (12831)	2930 *** (5145)
Pseudo R^2	0.0358	0.0539	0.0249	0.0263	0.0818
Log Lik	– 660.6 ***	– 648.2 ***	– 668.1 ***	– 667.1 ***	– 629.0 ***

注：*** $p < 0.01$；** $p < 0.05$；* $p < 0.1$；ns 代表不显著；括号内代表参照组。

第四节 农民工政治认知的关键影响因素总结

从政治认知两个指标影响因素的数据验证结果来看，在城市的后社会化经历和政治文化现代化对农民工的政治意识和政治知识掌握有显著的影响，在农村的早期社会化经历中的作用并没有得到验证（见表 6 – 8）。

表6-8　农民工政治认知假设的验证情况

需要验证的假设	验证情况		是否通过
	政治意识	政治知识掌握	
假设6-1：与没有留守经历的农民工相比，有留守经历的农民工政治认知水平更高	×	×	×
假设6-2：与没有感知到制度排斥的农民工相比，感知到的农民工政治认知水平更低	×	√	√
假设6-2.1：与没有感知到机会不公平的农民工相比，感知到机会不公平的农民工政治认知水平更低	×	×	×
假设6-2.2：与没有感知到互动不公平的农民工相比，感知到互动不公平的农民工政治认知水平更低	×	√	√
假设6-2.3：与没有感知到结果不公平的农民工相比，感知到结果不公平的农民工政治认知水平更低	×	×	×
假设6-3：与没有社会排斥的农民工相比，有社会排斥的农民工政治认知水平更低	√	√	√
假设6-3.1：与没有居住隔离的农民工相比，有居住隔离的农民工政治认知水平更低	√	√	√
假设6-3.2：与没有就业隔离的农民工相比，有就业隔离的农民工政治认知水平更低	√	√	√
假设6-4：本地化社会资本对农民工政治认知有重要影响	√	√	√
假设6-4.1：关系网络规模越大，农民工政治认知水平越高	√	√	√
假设6-4.1.1：一般市民网络规模越大，农民工政治认知水平越高	×	√	√
假设6-4.1.2：政府人员网络规模大，农民工政治认知水平越高	×	×	×
假设6-4.1.3：政府人员网络比一般市民网络对农民工政治认知的影响更大	×	×	×
假设6-4.2：与没有组织参与的农民工相比，有组织参与的农民工政治认知水平更高	√	√	√

需要验证的假设	验证情况		是否通过
	政治意识	政治知识掌握	
假设6-4.2.1：与没有非正式组织参与的农民工相比，有非正式组织参与的农民工政治认知水平更高	×	√	√
假设6-4.2.2：与没有正式组织参与的农民工相比，有正式组织参与的农民工政治认知水平更高	×	√	√
假设6-4.2.3：正式组织参与比非正式组织参与对农民工政治认知的影响更大	×	×	×
假设6-4.3：社会信任对农民工政治认知有重要影响	√	√	√
假设6-4.3.1：一般信任水平越高，农民工政治认知水平越高	√	√	√
假设6-4.3.2：特殊信任水平越高，农民工政治认知水平越低	×	×	×
假设6-5：与没有随迁经历的农民工相比，有随迁经历的农民工政治认知水平更高	×	×	×
假设6-6：流动经历对农民工政治认知有重要影响	√	√	√
假设6-6.1：流动时间越长的农民工政治认知水平越高	×	×	×
假设6-6.2：相比省内流动的农民工，省外流动的农民工政治认知水平更低	√	√	√
假设6-6.3：相比没有多城流动经历的农民工，有多城流动经历的农民工政治认知水平更低	×	×	×
假设6-7：政治文化现代性越强，农民工政治认知水平越高	√	√	√
假设6-7.1：与没有公民权利意识的农民工相比，有公民权利意识的农民工政治认知水平更高	√	×	√
假设6-7.2：内部效能感越强，农民工政治认知水平越高	×	×	×
假设6-7.3：外部效能感越强，农民工政治认知水平越高	√	×	√
假设6-7.4：权威价值观越弱，农民工政治认知水平越高	×	×	×

一 农民工政治认知两个指标影响因素的异同分析

从城市制度与社会环境来看，制度排斥和社会排斥对农民工政治认知有着明显的抑制作用。比较而言城市环境对政治意识的抑制作用主要体现在社会排斥上，而对政治知识掌握的抑制作用则体现在社会排斥与制度排斥中的互动不公平感上。从本地化社会资本因素来看，社会资本对农民工政治知识掌握的解释力度最大，包括市民网络关系、组织参与和社会信任三个层次的社会资本对政治知识掌握均有显著的促进作用。从迁移因素来看，迁移因素对政治认知解释力度最小，它的作用主要体现在流动距离上，距离越远则政治认知水平越差。这可能与政治意识与政治知识掌握的特性有关。从政治文化现代化来看，政治文化现代化对农民工政治意识的解释力度最大，其中外部效能感和公民权利意识都表现出了明显的正向作用。这种差异的造成可能是因为政治意识更多受到个人主观能动性的作用，而政治知识掌握则更多受制于城市制度体系的限制。其中，政治意识更多地受到个人的政治文化的影响，是一种主动行为意识；而政治知识掌握更多地受到信息传播渠道的影响，是一种被动接受的行为意识。

此外，从其他控制变量的作用来看，性别是影响政治意识的关键，而政治知识掌握则主要受到收入的影响。这与中国传统的性别角色定位以及二者所需付出的成本有关。一方面，政治关心的发生没有经济成本的限制，主要来自农民工内心对政治的渴望，而在中国传统文化的影响下，男性对政治事务有更多的热情；另一方面，获取政治知识是需要物质基础的，只有在经济有保障的情况下农民工才有可能去了解和掌握政治知识。

二 农民工政治认知的关键因素总结

通过数据检验发现了制度排斥、社会排斥、政治文化现代化、迁移经历以及本地化社会资本是影响农民工政治认知的关键因素。对以上关键影响因素进一步探讨可知，其一，制度排斥让农民工感受到城市政府的区别对待，降低了农民工获取政治信息的意愿；其二，社会排斥让农民工隔离于城市主流社群之外，阻碍了农民工获取政治信息的内容和渠道（Seo，2011）；其三，相比省外流动，省内流动的农民工对当地语言掌握更多（悦中山，2011），获得政治信息的能力更强；其四，关系网络、组织参与为农民工获取当地政治信息提供渠道（Seo，2011）；其五，一般信任越强，农民工对城市认同感越强，获取政治信息的意愿越强；其六，政治文化现代化越强，则政治文化越偏向参与型政治文化，农民工获取政治信息的意愿越强。基于以上分析，本书对影响政治认知的关键因素进一步聚类，发现关键影响因素是通过控制信息流动渠道和影响信息获取意愿使得群体内部的政治信息存量出现分化，从而影响农民工的政治认知的形成。

第五节 本章小结

本章利用 2012 年 X 市农民工调查数据，对农民工政治认知的影响因素进行了系统深入的研究，在政治认知维度上验证了第四章中所构建的农民工政治融入分析框架的有效性。主要研究发现和结论包括以下几点。

第一，制度排斥和社会排斥对农民工的政治认知有明显的抑制作用。一方面，以社群隔离为代表的社会排斥抑制了农民工政治认知水平的提升：从居住环境来看，与居住在普通市民小区的农民工相比，居住在相对独立的外来人口居住区和居住在城中村的农民工政治认知水平明显更低；从就业环境来看，与工作单位中有市民同事的农民工相比，工作场域中没有市民同事的农民工政治认知的水平明显更低。另一方面，制度排斥阻碍了农民工政治知识的获取，即当农民工感受到互动不公平时他们的政治知识掌握显著更低。此外，从制度排斥和社会排斥的现状分析中可知，大部分的农民工已经逐步摆脱制度排斥和社会排斥的桎梏。

第二，验证了本地化社会资本对农民工政治认知的促进作用，发现了社会资本在政治认知两个指标上的影响差异。其一，社会资本对农民工政治意识的作用集中在一般信任上，即一般信任越高，农民工政治意识水平越高；其二，社会资本对农民工政治知识掌握的解释力较其他因素更大，一般市民网络规模、正式组织和非正式组织参与以及一般信任对农民工的政治知识掌握均发挥了显著的促进作用；其三，比较社会资本对政治认知两个维度的影响差异可知，社会资本对农民工政治知识掌握的促进作用更大；其四，比起一般社会资本，政治社会资本在农民工政治认知上没有体现出明显的优势。

第三，检验了迁移因素对农民工政治认知的作用，揭示了成年流动经历才是影响农民工政治认知的关键。其影响主要体现在流动距离上，即来自省外的农民工政治意识水平和政治知识掌握程度均显著低于来自省内的农民工。而未成年期的留守随迁经历对农民工政治认知没有明显影响，这表明成年流动经历是农民工政治认知水平发生变动的主要原因。鼓励农民工就近流动可能是解决农民工政治融入问题的有效措施之一，这与城镇化中"引导人口有序流动"的政策相契合。

第四，验证了政治文化现代化对农民工政治认知有明显的促进作用，

113

辨析出政治文化在政治认知两个指标上的作用差异。其一，政治文化现代化对农民工政治意识的解释力较其他因素更大，随着农民工公民权利意识的产生和外部效能感的增强，农民工的政治意识水平显著增强；其二，政治文化现代化对农民工政治知识掌握的促进作用主要体现在外部效能感上，即外部效能感越强，则农民工政治知识掌握程度越高；其三，比较政治文化现代化对政治认知两个指标的影响差异可知，政治文化现代化对农民工政治意识的促进作用显然更大。

第五，发现了其他控制变量对于政治认知两个指标的影响差异。性别是影响农民工政治意识的关键因素之一，即男性农民工的政治意识水平显著高于女性农民工；而收入是影响农民工政治知识掌握程度的重要原因之一，即收入越高则农民工政治知识的掌握程度越高。

第六，通过对政治认知两个指标影响因素的异同分析，辨识出影响农民工政治认知的关键因素。其中，制度排斥和社会排斥是抑制农民工政治认知的关键因素，而本地化社会资本、省内流动经历和政治文化现代化是其关键的促进性因素。这些因素主要通过信息分化来影响农民工的政治认知：一方面，社会排斥、本地化社会资本通过限制农民工政治信息的流动而影响农民工政治认知水平；另一方面，制度排斥、流动距离和政治文化现代化通过影响农民工政治信息获取的意愿进而影响农民工的政治认知水平。

第七章 农民工政治参与的影响因素研究

本章以农民工政治参与作为研究对象，基于第三章和第四章构建的农民工政治融入的概念和分析框架，从农村的早期社会化、城市的再社会化以及政治文化现代化出发，探讨农民工政治参与的影响因素，识别出影响农民工政治参与的关键因素及影响路径。

第一节 研究设计

一 研究目标

政治参与一直以来都是国内外政治融入研究关注的焦点，是政治融入客观层面的主要体现，是承接政治认知与政治信任的中间阶段。在构建农民工政治融入的概念中已经说明，政治参与涉及农民工的选举型政治参与和非选举型政治参与两方面内容。在城市的政治参与比例低、参与意愿不高是农民工在城市政治参与中呈现的主要特点。为了解决农民工政治参与低下的问题，加速农民工政治融入进程，本章在第四章分析框架的指导下，着重考察农民工在农村的早期社会化、在城市的后社会化以及政治文化现代化对政治参与的影响，利用 2012 年 X 市农民工调查数据建立回归分析模型。具体研究目标包括以下三个方面：

第一，检验农民工政治融入概念框架中政治认知与政治参与的关系；

第二，验证本书建立的农民工政治融入分析框架对政治参与解释的有效性；

第三，识别农民工政治参与的关键影响因素及影响路径。

二 研究假设

依据第四章的城镇化背景下农民工政治融入的分析框架（见图 4-5），结合已有的农民工政治参与研究，本章进一步细化政治参与的分析框架。

依然也将遵循总框架的研究逻辑，从农民工迁移入手，结合时间的发展序
列展开：首先，在农村的早期社会化、城市的再社会化以及政治文化现代
化中，继续沿用政治认知框架中的具体操作；其次，结合政治融入的概念
模型和政治融入三维度关系初探的结论，把农民工政治认知纳入政治参与
的分析框架中，验证政治认知与政治参与的关系。围绕细化后的政治参与
的分析框架，本研究进一步提出具体假设。

1. 政治融入概念框架的假设

根据农民工政治融入的概念内涵以及三维度关系的初步检验结果可知，
农民工政治认知对农民工政治参与有重要促进作用。其一，政治认知水平
越高，意味着农民工对政治越关心，政治积极性越高，政治参与的意愿可
能越高；其二，政治认知水平越高，意味着农民工对政治参与的程序了解
越多，越有可能实现政治参与。这些对农民工政治参与行为的发生均具有
积极的促进作用。据此提出假设：

假设 7 - 1：政治认知水平越高，农民工政治参与的可能性越大；

假设 7 - 1.1：与没有政治意识的农民工相比，有政治意识的农民工政
治参与的可能性更大；

假设 7 - 1.2：政治知识掌握程度越高，农民工政治参与的可能性越大。

2. 农村社会化过程的假设

社会化理论认为在迁出国的社会化经验会影响移民的政治参与（Festinger，1957；Zaller，1992）。家庭作为农民工在未成年期最重要的社会化中
介，独自留守农村的生活经历造成农民工子女普遍缺乏与父母的沟通和交
流，阻碍了农村传统政治文化的代际传承。顺从型政治文化是农村传统政
治文化的体现之一。研究发现，农村传统政治文化会对农民工的政治参与
有明显的阻碍作用（白萌等，2013）。由此可以推论，留守经历造成传统政
治文化的传承断裂，这反而会促进农民工在城市的政治参与行为的发生。
据此提出假设：

假设 7 - 2：与没有留守经历的农民工相比，有留守经历的农民工政治
参与的可能性更大。

3. 城市社会化过程的假设

（1）制度排斥

户籍制度导致农民工面临城市社会福利和社会保障体系的排斥（熊景
维、钟涨宝，2014），这加剧了农民工在城市的经济弱势地位，导致农民工

对非市民户籍身份的认同，同时还会引发农民工对城市制度公平性的怀疑，进而促使其政治参与行为的发生。据此提出假设：

假设7-3：与没有感知到制度排斥的农民工相比，感知到制度排斥的农民工政治参与的可能性更大；

假设7-3.1：与没有感知到机会不公平的农民工相比，感知到机会不公平的农民工政治参与的可能性更大；

假设7-3.2：与没有感知到互动不公平的农民工相比，感知到互动不公平的农民工政治参与的可能性更大；

假设7-3.3：与没有感知到结果不公平的农民工相比，感知到结果不公平的农民工政治参与的可能性更大。

（2）社会排斥

农民工在城市与本地市民的居住环境和就业环境存在明显的空间区隔，大多数农民工居住在"城中村""城郊接合部"等地区（蒋建林、王琨，2008；郑思齐、曹洋，2009），就业于城市的二级劳动力市场，从事城市中较为低级的工作（韦伟、傅勇，2004；王美艳，2005；原新、韩靓，2009）。西方移民研究发现，生活在少数族裔聚集地的移民的政治参与可能性更大（Seo，2011）。同质性群体交往加深容易催发少数群体的集体利益的一致化，形成群体意识，进而使群体成员更容易参与政治活动。另外，根据我国现行《选举法》第24条规定，"选区可以按居住状况划分，也可以按生产单位、事业单位、工作单位划分"。这意味着当农民工生活在一定的聚集地时，他们在整个社区所占的比例更高，参加政治活动的可能性也更大。据此提出假设：

假设7-4：与没有社会排斥的农民工相比，有社会排斥的农民工政治参与的可能性更大；

假设7-4.1：与没有居住隔离的农民工相比，有居住隔离的农民工政治参与的可能性更大；

假设7-4.2：与没有就业隔离的农民工相比，有就业隔离的农民工政治参与的可能性更大。

（3）本地化社会资本

根据社会资本理论对政治参与的解释逻辑（Tillie，2004；Seo，2011）可知，与主流社会建立关系会对农民工的政治参与产生重要影响。其一，与市民建立社会联系、加入市民组织均能够为农民工获得城市政治信息提供途径，并对农民工的政治态度和观念产生影响，提高农民工对城市政府的信任。在农民工研究中，发现网络规模越大农民工政治参与的可能性越大（孙秀林，2010），农民工政治参与意愿越强（白萌等，2012）。其二，加入城市组织还有助于提升农民工的政治技能，促进农民工政治利益表达的组织化。农民工研究发现，组织参与能够有效地提升农民工的政治参与意愿（白萌等，2013）。其三，城市社会信任的扩大能够提高农民工政治参与的意愿。另外，政府工作人员比一般市民能够提供更准确的相关信息，因此，一般来说，政府人员网络更有利于促进农民工政治参与的发生；被政府赋予法律地位的正式组织（工会）是农民工参与政治活动的一个重要渠道，其对农民工政治参与的作用可能更大。据此提出研究假设：

假设 7 - 5：本地化社会资本对农民工政治参与有重要影响；

假设 7 - 5.1：关系网络规模越大，农民工政治参与的可能性越大；

假设 7 - 5.1.1：一般市民网络规模越大，农民工政治参与的可能性越大；

假设 7 - 5.1.2：政府人员网络规模越大，农民工政治参与的可能性越大；

假设 7 - 5.1.3：政府人员网络比一般市民网络对农民工政治参与的影响更大；

假设 7 - 5.2：与没有组织参与的农民工相比，有组织参与的农民工政治参与的可能性更大；

假设 7 - 5.2.1：与没有非正式组织参与的农民工相比，有非正式组织参与的农民工政治参与的可能性更大；

假设 7 - 5.2.2：与没有正式组织参与的农民工相比，有正式组织参与的农民工政治参与的可能性更大；

假设 7 - 5.2.3：正式组织参与比非正式组织参与对农民工政治参与的影响更大；

假设 7 - 5.3：社会信任对农民工政治参与有重要影响；

假设 7 - 5.3.1：一般信任水平越高，农民工政治参与的可能性越大；

假设 7 - 5.3.2：特殊信任水平越高，农民工政治参与的可能性越大。

（4）迁移经历

迁移经历是影响农民工城市适应性最重要的社会化经历之一。对于未成年期就已跟随父母迁移到城市的农民工来说，他们具有更早的城市迁移时间，对城市社会的适应力更强（郭良春等，2005）。社会学习理论认为，未成年期的社会化过程会显著影响成年后的政治文化及政治态度的形成，并且还具有消除成年后遇到的一些负面政治经历的作用（Easton and Dennis，1967）。农民工在城市中适应力越好，则越习惯于城市的政治活动的参与。据此提出假设：

假设7-6：与没有随迁经历的农民工相比，有随迁经历的农民工政治参与的可能性更大。

其次，成年后流动经历是农民工在城市社会化经历的重要组成部分。农民工从农村向城市的空间转移，会伴随着政治、社会、经济环境的巨大改变，从而引发其政治观点和态度的变化（白萌等，2012）。从流动时间来看，西方移民研究发现，移民在迁入地时间越长，则越可能参与当地政治活动（Arvizu and Garcia，1996；Ramakrishnan and Espenshade，2001；Cain，Kiewiet and Uhlaner，1991；Wong，2000）。农民工研究也发现了相同的结论（刘建娥，2014b）。从流动距离来看，就近流动逐渐成为农民工流动的主要模式。已有研究发现，与省外流动相比，省内流动的农民工政治参与意愿更强（惠雅婷，2013）；从流动城市经历来看，多城流动意味着农民工流动稳定性差，对城市的归属感低，参与城市政治活动的内驱力下降。据此提出假设：

假设7-7：流动经历对农民工政治参与有重要影响；

假设7-7.1：流动时间越长的农民工政治参与的可能性越大；

假设7-7.2：相比省内流动的农民工，省外流动的农民工政治参与的可能性更小；

假设7-7.3：相比没有多城流动经历的农民工，有多城流动经历的农民工政治参与的可能性更小。

4. 政治文化现代化的假设

政治文化是影响农民工政治参与最为关键的要素之一，城乡流动加快了农民工从顺从型政治文化向参与型政治文化的转变。根据Garcia（1987）的政治融入理论可知，政治文化对移民的政治参与有重要的影响。阿尔蒙德和维巴（2014）的公民文化理论也指出公民文化的核心是一种参与型文化，处于公民文化中的公众政治参与的可行性最高。在农民工问题的实证检验中也发现，农民工的政治效能感、权威主义观念等政治文化对其在城市的政治参与有重要影响，其中政治效能感起到促进作用，而权威主义价值观则起到负向作用（万斌、章秀英，2010）。据此提出假设：

假设7-8：政治文化现代性越强，农民工政治参与的可能性越大；

假设7-8.1：与没有公民权利意识的农民工相比，有公民权利意识的农民工政治参与的可能性更大；

假设7-8.2：内部效能感越强，农民工政治参与的可能性越大；

假设7-8.3：外部效能感越强，农民工政治参与的可能性越大；

假设7-8.4：权威价值观越弱，农民工政治参与的可能性越大。

三 变量设置

1. 因变量——政治参与

选举型政治参与：询问被访者"过去的五年，在 X 市的各级人大选举/社区居委会选举中，您是否参加过投票"（是 = 1，否 = 0）。

非选举型政治参与：询问被访者"您在 X 市是否参加过以下活动？向政府部门、社区求助/投诉/反映问题；参加政府、社区组织的座谈会或会议等；上访/集体请愿"（是 = 1，否 = 0）。

由于因变量已经在现状分析中进行过详细的介绍，故本章将不再对其进行描述。

2. 自变量及控制变量

根据本书第四章提出的农民工政治融入分析框架，在自变量的选择上基本与上一章农民工政治认知保持一致，包括制度环境因素、迁移经历、本地化社会资本因素、政治文化观念现代化以及其他控制变量。考虑到政治融入的概念框架，在本章的分析中把政治认知纳入进来。

需要说明的是，资源理论是针对政治参与的专门性理论，虽然没有作为基础理论纳入农民工政治融入框架的构建中，但是资源理论的核心变量——教育、收入和职业已经被作为重要的控制变量纳入其中，故可以认为农民工政治融入的分析框架仍然适用于政治参与维度的分析。本章最终所采用的自变量和控制变量的定义及其描述性统计结果如表7-1所示。

表7-1 自变量描述（N = 1186）

变量名称	变量定义	取值范围	均值（标准差）
政治认知			
政治意识	关心政治 = 1，不关心 = 0	0，1	0.378

续表

变量名称	变量定义	取值范围	均值（标准差）
政治知识掌握	参照组为完全没有掌握		
部分掌握		0，1	0.202
完全掌握		0，1	0.015
制度与社会环境因素			
制度排斥			
机会不公平感	感知到 = 1，没有感知到 = 0	0，1	0.342
互动不公平感	感知到 = 1，没有感知到 = 0	0，1	0.369
结果不公平感	感知到 = 1，没有感知到 = 0	0，1	0.591
社会排斥			
居住环境	参照组为居住在普通市民小区		
相对独立的外来人口聚集地		0，1	0.184
城中村		0，1	0.296
就业环境	就业单位里没有市民 = 1，有市民 = 0	0，1	0.247
本地化社会资本			
一般市民网络规模	连续变量	0 ~ 70	4.512
政府人员网络规模	连续变量	0 ~ 20	0.430
城市非正式组织	参与 = 1，没有参与 = 0	0，1	0.223
城市正式组织	参与 = 1，没有参与 = 0	0，1	0.114
一般信任	信任 = 1，不信任 = 0	0，1	0.363
特殊信任	信任 = 1，不信任 = 0	0，1	0.569
迁移经历			
未成年期经历	参照组为父辈无流动		
留守经历		0，1	0.240
随迁经历		0，1	0.061

续表

变量名称	变量定义	取值范围	均值（标准差）
流动时间	连续变量	0~32	9.073
流动距离	来自省外=1，来自省内=0	0，1	0.374
去过其他城市	去过其他城市=1，没有去过=0	0，1	0.379
政治文化现代化			
公民权利意识	有公民权利意识=1，没有=0	0，1	0.740
内部效能感	强=1，弱=0	0，1	0.630
外部效能感	强=1，弱=0	0，1	0.321
权威主义价值观	连续变量（Alpha=0.7594）	4~20	11.058
控制变量			
职业	参照组为受雇的普通劳动者		
管理层		0，1	0.202
自雇		0，1	0.162
收入	连续变量	400~35000	2221.939
收入（对数）	连续变量	5.994~10.463	7.557
教育	参照组为小学及以下		
初中		0，1	0.387
高中		0，1	0.306
大专及以上		0，1	0.230
已婚	已婚=1，未婚=0	0，1	0.583
年龄	连续变量	16~60	30.255
年龄^2/1000	连续变量	0.256~3.6	0.990
男性	男性=1，女性=0	0，1	0.557

四　方法与策略

由于因变量农民工政治参与是一个二分类变量，因此为了分析农民工政治参与的影响因素，本章主要采用二元 Logistic 回归模型作为基本分析模型，模型公式为：

$$\text{logit}(y) = \ln\left(\frac{p}{1-p}\right) = \sum_{i=1}^{n} \beta_i x_i + \beta_0 \qquad\qquad (7-1)$$

公式（7－1）中 y 表示农民工的政治参与状况；p 表示农民工政治参与的概率，参考项为"没有参与"；x_i 表示影响农民工政治参与的自变量；β_i 表示回归系数；β_0 表示误差项。

为了验证农民工政治参与影响因素的解释框架：首先，验证农民工选举型政治参与的影响因素分析框架，分别建立以单个因素模块为主变量的单独模型和所有变量同时纳入的全模型，以此判断每类因素对于选举型政治参与的解释力和稳健性，进而对整个框架的有效性进行评估；其次，验证农民工非选举型政治参与的影响因素分析框架，分别建立以单个因素模块为主变量的单独模型和所有变量同时纳入的全模型，用以判断每类因素对于非选举型政治参与的解释力和稳健性，进而对整个综合框架进行检验；最后，比较两种不同类型的政治参与在影响因素上的异同，辨析出影响政治参与最关键的因素及影响路径。

第二节　农民工选举型政治参与的影响因素分析

从政治认知因素来看，政治认知水平对农民工选举型政治参与有显著的促进作用，政治认知对选举型政治参与影响的假设基本得到验证。政治认知的促进作用主要体现在政治知识掌握程度上，即政治知识完全掌握的农民工选举型政治参与的可能性更高，政治意识则没有显著作用（见模型7－1和模型7－6）。这可能与选举型政治参与的特点有关，选举型政治参与是一种制度化的政治参与，有既定的程序和流程，要求参与者具有相应的知识储备，因此政治知识掌握可能才是影响的关键。

检验制度与社会环境因素的作用时发现，机会不公平感对选举型参与有显著的正向作用，而社会排斥则存在促进和抑制双重作用。这个结果在一定程度上验证了中国城市的制度与社会环境对农民工选举型政治参与的作用。从单独检验模型看，制度排斥对选举型政治参与有正向和负向双重作用，其中，感受到机会不公平的农民工选举型政治参与的可能性更高，而感受到互动不公平的农民工选举型政治参与的可能性更低；社会排斥则表现出显著的抑制作用，即就业环境中没有市民同事的农民工选举型政治参与的可能性更低（见模型7－2）。从全模型来看，制度排斥与社会排斥的作用发生了反转，其中，制度排斥中只有机会不公平感对农民工选举型政治参与有正向作用，即感知到机会不公平的农民工选举型政治参与的可能性更大，而互动不公平感的负向作用消失；社会排斥因素则出现了抑制和促进的双重作用，与居住在普通市民小区的农民工相比，住在城中村和独立的外来人口聚集地的农民工选举型政治参与的可能性更高，而就业环境呈现稳定的负向作用（见模型7-6）。这可能的原因是：首先，感知到机会不公平的农民工希望相关政策制度有所改变，而选举型政治参与是现阶段农民工能够参与到政策制度改变中最为可能的途径；其次，选举尤其是社区选举资格是以居住人口来确定的，当农民工居住在城中村和外来人口聚集地时，他们在整个社区所占的比例更高，更有可能参加选举活动；最后，就业隔离状态意味着农民工处于经济弱势地位，从事着城市中较为底层的工作，缺乏参与政治选举活动的物质和精力保障。

对社会资本的检验发现，社会资本对农民工选举型政治参与起到明显促进作用，主要体现在一般市民网络和正式组织参与上。这个结果验证了社会资本对选举型政治参与的作用。总的来说，政治社会资本比一般社会资本的作用更大，但在市民网络和组织参与两个维度下的分析比较，则呈现出截然相反的结果。其中，一般市民网络、正式组织参与对农民工选举型政治参与有显著的正向影响，且正式组织的正向作用明显更大，政府人员网络、非正式组织、特殊信任和一般信任则没有显著影响。在市民网络中，一般市民网络比政府人员网络的作用更大；在组织参与上，参与正式组织的农民工选举型政治参与的可能性显著更高，而非正式组织参与则对选举型政治参与没有明显作用（见模型7-3和模型7-6）。这可能与政府工作人员网络的使用率低、非正式组织无法为农民工提供参与选举的渠道以及选举型政治参与限制因素有关。

从迁移因素来看，未成年期的随迁经历是影响农民工选举型政治参与的关键因素，有过随迁经历的农民工选举型政治参与的可能性更高，而未成年期的留守经历和成年后流动经历则没有显著影响（见模型7-4和模型7-6）。这个结果至少体现了两个事实：首先，未成年期的社会化经历比成年期的流动经历对农民工选举型政治参与的影响更大；其次，未成年期家庭外部环境的变化比内部家庭结构的变化对农民工选举型政治参与的影响更大。这可能是由于未成年期随迁经历反映的是在儿童时代受到城市现代化的影响情况，已有研究认为政治取向在未成年期就已经形成（阿尔蒙德、维巴，2014），并且稳定不易改变，能够持续对农民工成年后的政治行为产生重要影响。

从对政治文化现代化的验证情况来看，政治文化现代化只在单独模型中有比较显著的影响，且这种影响主要体现在权威价值观上。数据结果表明，权威价值观越强则选举型政治参与的可能性越大，由于权威价值观本身反映的是现代化的反向，因此这个结果意味着政治文化现代化越弱，农民工越可能参与选举型政治活动。但是进入全模型之后，权威价值观的作用消失（见模型7-5和模型7-6）。故政治文化现代化对农民工选举型政治参与的影响没有得到验证。这很可能与选举型政治参与的特点有关，制约农民工选举型政治参与的关键不在于个人的政治文化而是现行政治制度、个人的政治能力与经济实力。

在控制变量中，社会经济地位对农民工的选举型政治参与有着显著的促进作用，其正向作用主要来自教育，即处于高中教育程度的农民工选举型政治参与的可能性更高（见模型7-1至模型7-6）。这基本符合了资源理论对选举型政治参与的解释，教育程度彰显了个人政治行为能力的高低。此外，男性农民工的选举型政治参与的可能性显著高于女性（见模型7-1至模型7-6），这与以往西方移民的研究结论相反（Jones-Correa，1998）。这很可能与中国传统的性别分工、文化影响有关。农民工选举型政治参与影响因素的回归分析结果见表7-2。

表7-2　农民工选举型政治参与影响因素的回归分析结果（N＝1186，Odds ratio）

变量	模型7-1	模型7-2	模型7-3	模型7-4	模型7-5	模型7-6
政治认知						
政治意识（无）	1.074 (0.215)					0.986 (0.211)
政治知识掌握（完全没有掌握）						
部分掌握	1.254 (0.286)					1.057 (0.260)

续表

变量	模型 7-1	模型 7-2	模型 7-3	模型 7-4	模型 7-5	模型 7-6
完全掌握	12.69 *** (6.440)					10.93 *** (5.896)
制度与社会环境因素						
机会不公平感（无不公平感知）		1.370 * (0.262)				1.413 * (0.297)
互动不公平感（无不公平感知）		0.678 * (0.137)				0.729 (0.160)
结果不公平感（无不公平感知）		0.946 (0.187)				1.054 (0.223)
居住环境（普通市民小区）						
相对独立的外来人口聚集地		1.551 (0.433)				1.838 ** (0.552)
城中村		1.458 (0.337)				1.576 * (0.396)
就业环境（有市民）		0.463 *** (0.124)				0.436 *** (0.125)
本地化社会资本						
一般市民网络规模			1.022 * (0.013)			1.023 * (0.014)
政府人员网络规模			0.976 (0.058)			0.935 (0.066)
城市非正式组织（没有参与）			1.366 (0.302)			1.425 (0.337)

变量	模型 7 - 1	模型 7 - 2	模型 7 - 3	模型 7 - 4	模型 7 - 5	模型 7 - 6
城市正式组织 （没有参与）			3.141 *** (0.764)			3.422 *** (0.887)
一般信任（不 信任）			0.974 (0.191)			0.961 (0.203)
特殊信任（不 信任）			0.863 (0.164)			0.949 (0.192)
迁移经历						
未成年期经历 （父辈无流动）						
留守经历				0.968 (0.225)		0.969 (0.237)
随迁经历				2.129 ** (0.695)		1.949 * (0.685)
流动时间				1.024 (0.0203)		1.027 (0.022)
流动距离（省 内）				0.821 (0.165)		0.847 (0.183)
去过其他城市 （没去过）				0.847 (0.168)		0.964 (0.202)
政治文化现代化						
公民权利意识 （无）					0.918 (0.197)	0.876 (0.211)
内部效能感 （弱）					1.051 (0.217)	1.016 (0.226)
外部效能感 （弱）					1.293 (0.262)	1.214 (0.266)
权威主义价 值观					1.052 * (0.032)	1.050 (0.034)

续表

变量	模型 7 - 1	模型 7 - 2	模型 7 - 3	模型 7 - 4	模型 7 - 5	模型 7 - 6
控制变量						
职业（普通劳动者）						
管理层	1.169 (0.273)	1.128 (0.264)	1.090 (0.258)	1.223 (0.285)	1.167 (0.268)	1.004 (0.250)
自雇	0.623 (0.189)	0.632 (0.192)	0.667 (0.203)	0.613 (0.184)	0.608 * (0.182)	0.719 (0.233)
收入（对数）	0.746 (0.158)	0.929 (0.200)	0.694 * (0.147)	0.829 (0.175)	0.831 (0.172)	0.799 (0.187)
教育（小学及以下）						
初中	1.689 (0.730)	1.741 (0.758)	1.949 (0.861)	1.898 (0.824)	1.945 (0.842)	1.889 (0.860)
高中	2.278 * (1.007)	2.339 * (1.045)	2.699 ** (1.223)	2.665 ** (1.188)	2.741 ** (1.218)	2.728 ** (1.294)
大专及以上	1.829 (0.861)	1.889 (0.906)	1.929 (0.930)	2.176 (1.047)	2.235 * (1.060)	2.194 (1.138)
已婚	1.153 (0.315)	1.440 (0.389)	1.204 (0.329)	1.226 (0.332)	1.238 (0.332)	1.157 (0.338)
年龄	1.088 (0.0914)	1.040 (0.0896)	1.085 (0.0900)	1.030 (0.0919)	1.086 (0.0909)	1.019 (0.0982)
年龄^2/1000	0.443 (0.502)	0.835 (0.979)	0.457 (0.511)	0.796 (0.935)	0.443 (0.935)	1.013 (0.500)
男性	1.874 *** (0.389)	1.807 *** (0.376)	1.882 *** (0.390)	1.814 *** (0.371)	1.833 *** (0.373)	1.810 *** (0.396)
常数项	0.0606 (0.119)	0.0500 (0.104)	0.0871 (0.171)	0.0705 (0.144)	0.0150 ** (0.0300)	0.0689 (0.164)
Pseudo R^2	0.0601	0.0545	0.0686	0.0410	0.0365	0.131
Log Lik	- 400.9 ***	- 403.2 ***	- 397.2 ***	- 409.0 ***	- 410.9 ***	- 370.8 ***

注：*** $p < 0.01$；** $p < 0.05$；* $p < 0.1$；ns 代表不显著；括号内代表参照组。

第三节　农民工非选举型政治参与的影响因素分析

验证政治认知与非选举型政治参与之间的关系发现，政治认知对农民工非选举型政治参与有显著的促进作用。相比其他因素，政治认知是解释非选举型政治参与最重要的因素。结果表明政治认知对非选举型政治参与影响的假定得到验证。不论是在单独检验模型还是全模型中，政治意识和政治知识掌握两个维度对非选举型政治参与都有着稳定的促进作用，即政治意识水平越高，政治知识掌握程度越高，农民工非选举型政治参与的可能性越高（见模型 7－7 和模型 7－12）。

分析制度与社会环境因素对农民工非选举型政治参与的影响时发现，制度排斥对农民工非选举型政治参与有着促进和抑制的双重作用，社会排斥则对农民工非选举型政治参与有显著的促进作用。从制度排斥来看，感受到机会不公平的农民工非选举型政治参与的可能性更高，而感受到结果不公平的农民工非选举型政治参与的比例更低（见模型 7－8 和模型 7－12）。这可能与机会不公平感和结果不公平感的来源不同有关，机会不公平感来源于农民工对制度设计层面的感知，而结果不公平感则来自制度分配的结果即收入层面的感知。政治参与是改变制度的重要途径之一，也是民众影响制度设计的合法途径；而收入不平等往往被农民工更多地归之于人力资本的差异而非政策的原因，因而反而更不会去参与非选举型政治活动。从社会排斥来看，在单独检验模型中社会排斥没有呈现明显的作用，而在全模型中居住在相对独立的外来人口聚集地的农民工则表示出明显的正向作用。这很可能是因为居住在相对独立的外来人口聚集地的农民工的利益一致化程度更高，更易结成统一的利益团体，并借助团体的力量参与到政治活动中去。

在社会资本因素的检验中发现，本地化社会资本对农民工的非选举型政治参与有着显著影响。这个结果验证了分析框架中社会资本对农民工非选举型政治参与的影响。总的来说，社会资本对农民工的非选举型政治参与的作用呈现出促进与抑制双重作用。其中，正式组织参与、非正式组织参与对农民工非选举型政治参与呈现了稳定的正向促进作用，比较来看非正式组织参与对农民工非选举型政治参与的作用更大；而一般信任则对农民工非选举型政治参与产生了稳定的负向作用，特殊信任虽然在单独检验模型中没有明显作用但在全模型中呈现出了显著的正向作用；与此同时，市民网络对农民工非选举型政治参与没有显著作用（见模型 7-9 和模型 7-12）。这可能与非选举型政治参与的特性有关，非选举型政治参与大多是农民工用以保护自己合法利益的主要途径之一，且它没有严格的制度和资格的限制，参与的途径具有多样性、自发性的特点。比起正式组织来说，非正式组织更多的是人们自发的组织，组织内部成员利益一致化程度更高，故这类组织更可能导致农民工非选举型政治参与的行为。特殊信任代表的是农民工的小圈子，这种小圈子的关系更紧密，交往成员的同质性更高，与非正式组织的作用相似，在共同的利益和法不责众心态的驱动下，他们更容易参与到非选举型政治活动中去；而一般信任则表示农民工对一般人群的信任，当他们对一般人群的信任度较高时，他们更可能相信即使自己没有参加政治活动，城市社会上的其他人也会维护他们的利益，从而降低他们的非选举型政治参与的可能性。而市民网络没有显著作用的原因则更多的是因为人们交往中"避谈政治"的潜在规则，未能给农民工提供非选举型政治参与的途径和相应的知识。

在迁移因素的检验中发现，无论是未成年期的留守随迁经历还是成年期的流动经历对农民工的非选举型政治参与都没有显著的影响（见模型 7-10 和模型 7-12）。原分析框架中迁移经历对农民工非选举型政治参与的影响没有得到验证，这很可能与农民工非选举型政治参与的形成原因有关，农民工参与非选举型政治活动大多是为了维护个人利益，有很强的利益导向性，受到外界的影响更大，而社会化经历更多的是对个人政治取向的作用。

检验政治文化现代化的作用发现，政治文化现代化对农民工非选举型政治参与有显著的促进作用，即外部效能感越强则农民工非选举型政治参与的可能性越大（见模型 7-11 和模型 7-12）。这可能与外部效能感本身有关，外部效能感暗含着农民工对自身影响政府的能力的认知，当他们认为自己能够影响到城市政府决策时他们更有可能去参与政治活动。

从控制变量上来看，社会经济地位对农民工的非选举型政治参与有显著的促进作用（见模型 7-7 至模型 7-12）。人口特征中男性在政治参与上的优势依然显著，男性农民工比女性农民工非选举型政治参与的可能性明显更高（见模型 7-7 至模型 7-12），对此的解释与选举型政治参与的一致。农民工非选举型政治参与影响因素的回归分析结果如表 7-3 所示。

表 7 - 3　农民工非选举型政治参与影响因素的回归分析结果（N = 1186，Odds ratio）

变量	模型 7 - 7	模型 7 - 8	模型 7 - 9	模型 7 - 10	模型 7 - 11	模型 7 - 12
政治认知						
政治意识（无）	1.702 ** (0.358)					1.630 ** (0.368)
政治知识掌握（完全没有掌握）						
部分掌握	1.773 *** (0.370)					1.619 ** (0.376)
完全掌握	5.652 *** (2.876)					3.790 ** (2.074)
制度与社会环境因素						
机会不公平感（无不公平感知）		1.451 * (0.276)				1.637 ** (0.347)
互动不公平感（无不公平感知）		1.284 (0.242)				1.133 (0.236)
结果不公平感（无不公平感知）		0.500 *** (0.0962)				0.523 *** (0.110)
居住环境（普通市民小区）						
相对独立的外来人口聚集地		1.276 (0.351)				1.709 * (0.512)
城中村		1.180 (0.260)				1.454 (0.351)
就业环境（有市民）		0.936 (0.216)				0.924 (0.230)

续表

变量	模型 7 - 7	模型 7 - 8	模型 7 - 9	模型 7 - 10	模型 7 - 11	模型 7 - 12
本地化社会资本						
一般市民网络规模			1.008 (0.0138)			1.007 (0.0145)
政府人员网络规模			1.040 (0.0568)			1.028 (0.0597)
城市非正式组织（没有参与）			3.095*** (0.633)			2.911*** (0.621)
城市正式组织（没有参与）			2.854*** (0.678)			2.708*** (0.672)
一般信任（不信任）			0.624** (0.131)			0.595** (0.131)
特殊信任（不信任）			1.284 (0.255)			1.414* (0.297)
迁移经历						
未成年期经历（父辈无流动）						
留守经历				1.061 (0.232)		1.025 (0.232)
随迁经历				0.995 (0.380)		0.690 (0.288)
流动时间				1.001 (0.021)		1.013 (0.023)
流动距离（省内）				1.117 (0.214)		1.194 (0.251)
去过其他城市（没去过）				1.014 (0.196)		1.259 (0.264)
政治文化现代化						
公民权利意识（无）					0.970 (0.204)	0.908 (0.219)

续表

变量	模型7-7	模型7-8	模型7-9	模型7-10	模型7-11	模型7-12
内部效能感（弱）					1.068 (0.223)	0.951 (0.214)
外部效能感（弱）					1.559** (0.306)	1.434* (0.304)
权威主义价值观					0.959 (0.029)	0.975 (0.032)
控制变量						
职业（普通劳动者）						
管理层	1.926*** (0.420)	1.850*** (0.409)	1.845*** (0.421)	1.942*** (0.423)	1.959*** (0.426)	1.696** (0.404)
自雇	0.979 (0.276)	0.897 (0.254)	1.115 (0.327)	0.947 (0.265)	0.945 (0.265)	0.988 (0.303)
收入（对数）	1.039 (0.213)	1.020 (0.210)	0.891 (0.187)	1.100 (0.220)	1.107 (0.221)	0.778 (0.176)
教育（小学及以下）						
初中	0.882 (0.326)	0.879 (0.326)	0.992 (0.384)	0.951 (0.348)	0.941 (0.346)	0.880 (0.350)
高中	0.744 (0.289)	0.806 (0.315)	0.912 (0.371)	0.872 (0.336)	0.812 (0.315)	0.809 (0.345)
大专及以上	0.782 (0.318)	0.833 (0.347)	0.733 (0.314)	0.907 (0.374)	0.851 (0.349)	0.741 (0.342)
已婚	1.104 (0.294)	1.190 (0.310)	1.001 (0.270)	1.179 (0.306)	1.117 (0.289)	0.952 (0.267)
年龄	0.994 (0.0830)	0.985 (0.0824)	1.021 (0.0870)	0.984 (0.0872)	1.014 (0.0872)	1.011 (0.0841)
年龄^2/1000	0.965 (1.109)	1.187 (1.375)	0.709 (0.835)	1.165 (1.382)	0.812 (0.927)	0.848 (1.104)

续表

变量	模型 7–7	模型 7–8	模型 7–9	模型 7–10	模型 7–11	模型 7–12
男性	1.479* (0.298)	1.595** (0.323)	1.618** (0.335)	1.521** (0.304)	1.491** (0.296)	1.546** (0.336)
常数项	0.0548 (0.103)	0.117 (0.228)	0.0928 (0.180)	0.0563 (0.109)	0.0471 (0.0905)	0.196 (0.449)
Pseudo R^2	0.0508	0.0440	0.109	0.0237	0.0330	0.152
Log Lik	−408.7***	−411.6***	−383.8***	−420.3***	−416.3***	−365.0***

注：*** $p < 0.01$；** $p < 0.05$；* $p < 0.1$；ns 代表不显著；括号内代表参照组。

第四节　农民工政治参与的关键影响因素总结

从两个类型的政治参与影响因素的数据验证结果来看，政治认知、在城市的再社会化过程对两类政治参与均有显著影响，而政治文化现代化仅在非选举型政治参与上得到验证（见表 7–4）。这说明原分析框架在农民工政治参与上也是可行的。

表 7–4　农民工政治参与假设的验证情况

需要验证的假设	验证情况		是否通过
	选举型政治参与	非选举型政治参与	
假设 7–1：政治认知水平越高，农民工政治参与的可能性越大	√	√	√
假设 7–1.1：与没有政治意识的农民工相比，有政治意识的农民工政治参与的可能性更大	×	√	√
假设 7–1.2：政治知识掌握程度越高，农民工政治参与的可能性越大	√	√	√
假设 7–2：与没有留守经历的农民工相比，有留守经历的农民工政治参与的可能性更大	×	×	×
假设 7–3：与没有感知到制度排斥的农民工相比，感知到制度排斥的农民工政治参与的可能性更大	√	√	√

续表

需要验证的假设	验证情况		是否通过
	选举型政治参与	非选举型政治参与	
假设 7-3.1：与没有感知到机会不公平的农民工相比，感知到机会不公平的农民工政治参与的可能性更大	√	√	√
假设 7-3.2：与没有感知到互动不公平的农民工相比，感知到互动不公平的农民工政治参与的可能性更大	×	×	×
假设 7-3.3：与没有感知到结果不公平的农民工相比，感知到结果不公平的农民工政治参与的可能性更大	×	×	×
假设 7-4：与没有社会排斥的农民工相比，有社会排斥的农民工政治参与的可能性更大	√	√	√
假设 7-4.1：与没有居住隔离的农民工相比，有居住隔离的农民工政治参与的可能性更大	√	√	√
假设 7-4.2：与没有就业隔离的农民工相比，有就业隔离的农民工政治参与的可能性更大	×	×	×
假设 7-5：本地化社会资本对农民工政治参与有重要影响	√	√	√
假设 7-5.1：关系网络规模越大，农民工政治参与的可能性越大	√	×	√
假设 7-5.1.1：一般市民网络规模越大，农民工政治参与的可能性越大	√	×	√
假设 7-5.1.2：政府人员网络规模越大，农民工政治参与的可能性越大	×	×	×
假设 7-5.1.3：政府人员网络比一般市民网络对农民工政治参与的影响更大	×	×	×
假设 7-5.2：与没有组织参与的农民工相比，有组织参与的农民工政治参与的可能性更大	√	√	√
假设 7-5.2.1：与没有非正式组织参与的农民工相比，有非正式组织参与的农民工政治参与的可能性更大	×	√	√

续表

需要验证的假设	验证情况		是否通过
	选举型政治参与	非选举型政治参与	
假设 7 – 5.2.2：与没有正式组织参与的农民工相比，有正式组织参与的农民工政治参与的可能性更大	√	√	√
假设 7 – 5.2.3：正式组织参与比非正式组织参与对农民工政治参与的影响更大	√	√	√
假设 7 – 5.3：社会信任对农民工政治参与有重要影响	×	√	√
假设 7 – 5.3.1：一般信任水平越高，农民工政治参与的可能性越大	×	×	×
假设 7 – 5.3.2：特殊信任水平越高，农民工政治参与的可能性越大	×	√	√
假设 7 – 6：与没有随迁经历的农民工相比，有随迁经历的农民工政治参与的可能性更大	√	×	√
假设 7 – 7：流动经历对农民工政治参与有重要影响	×	×	×
假设 7 – 7.1：流动时间越长的农民工政治参与的可能性越大	×	×	×
假设 7 – 7.2：相比省内流动的农民工，省外流动的农民工政治参与的可能性更小	×	×	×
假设 7 – 7.3：相比没有多城流动经历的农民工，有多城流动经历的农民工政治参与的可能性更小	×	×	×
假设 7 – 8：政治文化现代化越强，农民工政治参与的可能性越大	×	√	√
假设 7 – 8.1：与没有公民权利意识的农民工相比，有公民权利意识的农民工政治参与的可能性更大	×	×	×
假设 7 – 8.2：内部效能感越强，农民工政治参与的可能性越大	×	×	×
假设 7 – 8.3：外部效能感越强，农民工政治参与的可能性越大	×	√	√
假设 7 – 8.4：权威价值观越弱，农民工政治参与的可能性越大	×	×	×

一　两类农民工政治参与影响因素的异同分析

从政治认知上来看，政治认知对两类政治参与都有显著的促进作用。比较而言，政治认知对非选举型政治参与的正向作用明显大于选举型政治参与，这可能与两类政治参与的引发机制有关，选举型政治参与大多是依赖于制度准入；非选举型政治参与则更多是一种自发维权行为，更多源自农民工自身的政治意识。

从制度与社会环境因素来看，城市制度排斥和社会排斥对两类农民工的政治参与均有着重要影响。比较而言，代表制度排斥对农民工非选举型政治参与的影响作用更大，而社会排斥对农民工选举型政治参与的影响更大。这可能与不同类型政治参与的资格以及参与成本有关，选举型政治参与的资格是以居住人口比例来确定的，住在外来人口多的地方，他们能够获得政治参与资格的可能性更大，而感受到结果不公平的农民工更多地把这种不公平出现归之于人力资本的差异而非政策的原因，这使得他们的非选举型政治参与的可能性更低。

从本地化社会资本因素来看，本地化社会资本对两类农民工政治参与都具有促进作用，市民网络对选举型政治参与的作用更大，而社会信任则对非选举型政治参与的影响更大。这个结果可能与两种社会资本的作用机制有关，市民网络能够为农民工提供更多的政治信息，而社会信任则是衡量农民工在城市形成小圈子的情况。由于选举型政治参与是一种制度化政治行为，受到更多制度的制约，因此相应的信息获取变得更为重要；而非选举型政治参与更多是一种自发的维权行为，它的参与门槛相对选举型政治参与来说更低，且较少地受到制度的限制，故使得行动者之间信任的影响被强化。

从迁移经历和政治文化现代化来看，未成年期的随迁经历仅对选举型政治参与有显著的促进作用；而政治文化现代化中仅有外部效能感对农民工非选举型政治参与有显著促进作用。这可能与不同类型的政治参与目的和引发机制差异有关，农民工选举型政治参与是相对被动的，是农民工城市适应的一种体现，未成年期的随迁经历直接反映了农民工早期的城市适应情况；而非选举型政治参与是农民工主动的城市维权行为，外部效能感是农民工对自我的政治影响力的判断，只有当他们意识到自己有这种影响力的时候，才有可能去参与这类政治活动。

此外，从其他控制变量上看，其一，社会经济地位对两类政治参与都有显著影响，但是选举型政治参与的作用主要来自教育，而非选举型政治参与的作用则主要来自职业。这可能与两类政治参与对农民工个人素质的要求不同有关。对于选举型政治参与来说，良好的政治行为能力是农民工参与选举活动的前提，教育程度是个人政治行为能力的直接反映；对于非选举型政治参与来说，通常处于管理阶层的农民工更容易参加非选举型政治参与活动。其二，男性在两类政治参与中都表现出明显的优势。这可能与传统文化和社会性别意识作用下男性更加热衷政治事务，更愿意和有可能参与各类政治活动有关。

二 农民工政治参与的关键因素总结

通过数据检验发现，政治认知、制度排斥、社会排斥、外部效能感、未成年期的随迁经历以及本地化社会资本是影响农民工政治参与的关键因素。对以上关键影响因素进一步探讨可知，其一，居住在农民工聚集地，农民工生活在同质性人群中，容易形成一致化的群体利益，加速农民工群体意识的产生；其二，参与城市组织，农民工的个人利益变成组织利益的可能性更高，促进农民工群体意识的产生；其三，特殊信任越高、一般信任越低的农民工越容易形成小圈子，这种小圈子的成员内部更容易达成利益的一致性；其四，外部效能感越强意味着农民工对自身的政治影响力越认同，越容易提高他们争取群体利益的意愿，加速群体内部成员利益一致化；其五，政治认知水平的提升能够增加农民工对城市政治制度的了解，增强他们对外来人口身份的认同，促进群体意识的产生；其六，感知到机会不公平表明农民工意识到城市制度的排斥，使其对异于市民的制度身份的感受得到加强，这加速了群体意识的产生；其七，未成年期的随迁经历能够加深农民工对城市社会的认识，他们受到城市社会排斥的可能性更高，更可能认可自身外来人口的身份；其八，一般市民网络规模越大说明农民工与市民的交往越密切，农民工遭受社会歧视的可能性越大，对外来人口身份认同度越高。据此，本书对影响政治参与的关键因素进一步归类，发现关键影响因素是通过促进农民工群体利益一致化和强化外来人口身份的认同，来促使农民工群体意识的产生，影响农民工政治参与的形成的。

第五节 本章小结

本章利用 2012 年 X 市农民工调查数据，对当代中国农民工政治参与的影响因素进行了系统深入的研究，在政治参与维度上验证了第三章和第四章中所构建的农民工政治融入的概念和分析框架的有效性。主要研究发现和结论如下。

第一，验证了农民工政治融入概念框架中政治认知与政治参与之间的关系，即政治认知对农民工政治参与有显著正向影响。一方面，农民工政治意识水平越高，则非选举型政治参与的可能性越大；另一方面，政治知识掌握程度越高，则农民工选举型政治参与、非选举型政治参与的可能性均增大。

第二，发现了制度与社会环境因素对农民工的政治参与产生了刺激和抑制的双重作用。其一，制度排斥对农民工选举型政治参与具有促进作用，而对非选举型政治参与有促进与抑制的双重作用。其中，机会不公平感对选举型政治参与和非选举型政治参与均起到促进作用，即感受到机会不公平的农民工的两类政治参与的可能性均更大；而结果不公平感对非选举型政治参与起到抑制作用，即感受到结果不公平的农民工非选举型政治参与的可能性更低。其二，社会排斥对农民工选举型政治参与起到刺激和抑制的双重作用，而对非选举型政治参与起到促进作用，其中，居住在相对独立的外来人口聚集地的农民工两类政治参与的可能性都更高，而居住在城中村的农民工选举型政治参与的可能性更高；从就业环境来看，单位中没有市民同事的农民工选举型政治参与的可能性更低。结果表明，制度排斥和社会排斥已经成为引发农民工政治参与的重要原因之一。

第三，本地化社会资本对农民工政治参与有重要的作用，且社会资本在两种类型的政治参与上存在明显的区别。其一，社会资本对农民工选举型政治参与的作用主要体现在市民网络和组织参与上，即随着一般市民网络的增加，参与了正式组织的农民工选举型政治参与的可能性更高；其二，社会资本对农民工非选举型政治参与的影响则体现在组织参与和社会信任上，其中不论是正式组织还是非正式组织参与对其均产生了正向作用，而社会信任中的特殊信任对其产生了显著的促进作用，一般信任则呈现出明显的抑制作用；其三，比较社会资本对两类政治参与的影响差异可知，选举型政治参与主要受到来自市民网络和正式组织的正向作用，而非选举型政治参与则主要是受到两类组织参与和特殊信任的正向作用，以及一般信任的负向作用；其四，比起一般社会资本，政治社会资本中对选举型政治参与体现了明显的优势，即正式组织的正向作用更大，而在非选举型政治参与中则表现出了一定的劣势即非正式组织对其的正向作用更大。

第四，检验了迁移因素对农民工政治参与的作用，发现未成年时期的随迁经历才是影响农民工政治参与的关键，其作用主要体现在农民工的选举型政治参与上。结果发现，有过随迁经历的农民工选举型政治参与的可能性更高。未成年期的随迁经历是家庭迁移的重要组成部分，实现家庭迁移能够有效地促进农民工政治参与的实现，加快农民工政治融入的进程。而鼓励家庭迁移是新型城镇化建设的重点之一。

第五，验证了政治文化现代化对农民工政治参与的作用。数据结果表明，政治文化现代化对农民工非选举型政治参与有显著的促进作用，即外部效能感越强则农民工非选举型政治参与的可能性越大；而政治文化现代化对农民工选举型政治参与则没有明显的作用。

第六，发现了其他控制变量对于两类政治参与的影响路径的异同。其一，性别对两类农民工政治参与均有显著影响，即男性农民工比女性农民工两类政治参与的可能性都高；其二，虽然社会经济地位对两类政治参与都有显著影响，但是选举型政治参与的作用主要来自教育，而非选举型政治参与的作用主要来自职业。也就是说，教育水平越高的农民工选举型政治参与的可能性越大，而处于管理阶层的农民工非选举型政治参与的可能性更大。这个结果在一定程度上验证了资源理论对农民工政治参与的解释力。

第七，通过对两类政治参与的影响因素的异同分析，辨识出影响农民工政治参与的关键因素，发现了制度排斥和社会排斥、本地化社会资本对政治参与有促进和抑制双重作用，而政治认知、政治文化现代化和随迁经历则是其关键的促进性因素。这些因素通过激发农民工群体意识的产生来影响政治参与：一方面，居住在农民工聚集地、参与了城市组织、特殊信任越高、一般信任越低、外部效能感强的农民工，更可能把个人利益上升到集体利益，促进群体利益一致化，加速农民工群体意识的产生；另一方面，政治认知水平越高、机会不公平感越强、有随迁经历、一般市民网络规模越大、一般信任越低的农民工对城市社会制度排斥的感受越深，更容易认同自己属于城市外来人口的身份，这会增进农民工的群体意识。

第八章 农民工政治信任的影响因素研究

本章以第三章和第四章构建的农民工政治融入的概念和分析框架为基础，以农民工政治信任为分析对象，在政治信任维度上对农民工政治融入影响因素的分析框架进行验证，识别农民工政治信任的关键影响因素及影响路径。

第一节 研究设计

一 研究目标

政治信任是衡量农民工对城市政治体系认同感的关键指标，是政治融入在心理层面的体现，也是城市成员凝聚力的重要考量。在构建农民工政治融入的概念中已经说明，政治信任包括政府机构信任和政府人员信任两个方面的内容。农民工对城市政府的信任十分缺乏，多次调查结果均显示农民工对城市政府的信任远低于市民。为了解决农民工对城市政府信任缺乏的问题，实现农民工政治融入，本章将在第4章分析框架的指导下，着重考察农民工在农村的早期社会化、在城市的再社会化以及政治文化现代化对政治信任的影响，利用2012年X市农民工调查数据建立回归分析模型。具体研究目标包括以下三个方面：

第一，检验农民工政治融入概念框架中政治认知与政治信任、政治参与和政治信任之间的关系；

第二，验证本书建立的农民工政治融入的分析框架对政治信任的解释力；

第三，识别农民工政治信任的关键影响因素及影响路径。

二 研究假设

依据第四章的城镇化背景下农民工政治融入的分析框架（见图4－5），

结合已有的农民工政治信任的研究，本章遵循总框架的研究逻辑，从农民工迁移入手，结合时间的发展序列，进一步细化政治信任的分析框架：首先，在农村的早期社会化中继续延续前两章的操作；其次，对城市的再社会化和政治文化现代化进行补充，依据文化理论的逻辑（Shi，2001），把公民权利意识与制度排斥的交互作用纳入分析中；最后，结合政治融入的概念模型和政治融入三维度关系初探的结论，把农民工政治认知、政治参与纳入政治信任的分析框架中，验证政治认知与政治信任、政治参与与政治信任的关系。围绕细化后的政治信任的分析框架，本研究进一步提出具体假设。

1. 政治融入概念框架的假设

根据农民工政治融入的概念内涵以及三维度关系的初步检验结果可知，农民工政治认知对农民工政治信任有重要作用。根据理性选择理论的逻辑可知，农民工可以依据自己掌握的政治信息决定是否信任政府。政治认知水平越高，说明他们对政府的相关信息掌握越充分，越能够理性地判断城市政府是否可信。目前户籍改革以及公共服务均等化等一系列政策的提出，很大程度上缓解了农民工在城市中面对制度不公平的现象，因此，当农民工对相关政策信息掌握较多时，他们对城市政府的信任水平可能会上升。据此提出假设：

假设 8-1：政治认知水平越高，农民工政治信任水平越高；

假设 8-1.1：与没有政治意识的农民工相比，有政治意识的农民工政治信任水平更高；

假设 8-1.2：政治知识掌握程度越高，农民工政治信任水平越高。

从农民工政治融入概念框架可知，政治参与对农民工政治信任有重要影响。在城市中的政治参与是农民工重要的政治经验之一。根据政治社会化理论的逻辑可知，政治经验会直接对农民工的政治文化及行为取向有修正作用，并会影响其政治信任的水平。通过观察已有研究发现，目前农民工政治参与的效果较差（艾丽颖，2006；刘军，2004）。而根据理性选择理论和社会化理论的解释逻辑可知，不理想的政治经验会降低农民工对当地政府的信任。据此提出假设：

假设 8-2：与没有政治参与的农民工相比，有政治参与的农民工政治信任水平更低；

假设 8-2.1：与没有选举型政治参与的农民工相比，有选举型政治参与的农民工政治信任水平更低；

假设 8 - 2.2：与没有非选举型政治参与的农民工相比，有非选举型政治参与的农民工政治信任水平更低。

2. 农村社会化过程的假设

社会化理论认为人们早期的社会化经历会直接影响政治信任的形成，如听到父母的关于政府可信性的讨论以及观察到政府行为等（阿尔蒙德、维巴，2014；尤斯拉纳，2006）。子女幼年的留守经历意味着父辈的政治观点难以被他们所获悉，这造成农村传统的顺从型政治文化代际传递出现问题。顺从型政治文化下，民众对政府保持高度的信任（Shi，2001），这种文化传递的断裂会削弱农民工对政府的无条件信任。据此提出假设：

假设 8 - 3：与没有留守经历的农民工相比，有留守经历的农民工政治信任的水平更低。

3. 城市社会化过程的假设

（1）制度排斥

社会公平是影响政治信任最为重要的预测变量。对于一般人群来说，社会收入不平等越严重，他们对政府的信任感越低（尤斯拉纳，2006）；他们受到的对待越不公平，则越不信任政府（Lee and Glasure，2002）。对于移民来说，当受到主流政府的不平等对待时，他们更不可能信任当地政府（Brehm and Rahn，1997）。从农民工的现实情况来看，制度排斥是城市政府执政公平性的直接反映。有研究表明，户籍身份是造成农民工在城市社会保障上远远低于市民的主要原因（李培林、李炜，2007）。基于理性选择理论的逻辑，制度排斥很可能是影响农民工政治信任的关键所在，即感知到城市制度排斥的农民工的政治信任水平可能更低。据此提出假设：

假设 8 - 4：与没有感知到制度排斥的农民工相比，感知到制度排斥的农民工政治信任水平更低；

假设 8 - 4.1：与没有感知到机会不公平的农民工相比，感知到机会不公平的农民工政治信任水平更低；

假设 8 - 4.2：与没有感知到互动不公平的农民工相比，感知到互动不公平的农民工政治信任水平更低；

假设 8 - 4.3：与没有感知到结果不公平的农民工相比，感知到结果不公平的农民工政治信任水平更低。

（2）社会排斥

社会排斥意味着农民工在城市生活在主流人群之外，具体表现为居住隔离和就业隔离。从居住隔离来看，移民研究认为居住环境可以通过影响移民的社会融入影响其政治融入，实证结果证实居住在远离主流人群的聚集区的移民对当地政府的信任更低（Maxwell，2010）。从就业隔离来看，就业隔离直接反映农民工在城市的经济地位，处于就业隔离的农民工基本处于城市社会经济的底层，从事城市中较为底层的工作（韦伟、傅勇，2004；王美艳，2005；原新、韩靓，2009）。依据理性选择理论可知，经济地位越高，农民工的政治信任水平越高，反之则反（马得勇，2007；Feldman，1983；Hetherington，1998）。由此可以认为，处于就业隔离状况的农民工政治信任水平更低。据此提出研究假设：

假设 8 - 5：与没有社会排斥的农民工相比，有社会排斥的农民工政治信任水平更低；

假设 8 - 5.1：与没有居住隔离的农民工相比，有居住隔离的农民工政治信任水平更低；

假设 8 - 5.2：与没有就业隔离的农民工相比，有就业隔离的农民工政治信任水平更低。

（3）本地化社会资本

本地化社会化资本可以通过信息效应、影响效应以及溢出效应影响农民工政治信任。其一，农民工在社会交往中形成的社会信任通过溢出效应会延伸并影响他们对政府的信任（尤斯拉纳，2006）。其二，社会资本能够通过促进社会合作进而提高社会效率，促进政府有效运行（帕特南，2001），农民工的组织参与是社会合作的反映，这种合作可以促进政府绩效的提升，进而提高农民工的政治信任。其三，政治信任是社会成员在社会交往过程中逐步构建起来的结果（Norris，2002）。中国学者相关研究也发现，关系网络、组织参与和社会信任有助于居民政治信任的形成（胡荣等，2011；熊美娟，2014；刘米娜、杜俊荣，2013）。另外，相比一般社会资本，政治社会资本带有浓厚的政府背景，能够为农民工提供一般社会资本难以获得的政治资源，政府工作人员比一般市民能够为农民工提供更准确的政治信息，被政府赋予法律地位的正式组织（工会）则是政府政策宣传的重要渠道。已有研究表明政府与公众之间信息沟通的不畅会降低他们对政府的信任（Welch，1975），由此推论，政治社会资本对农民工政治信任的作用可能更大。据此提出研究假设：

假设 8-6：本地化社会资本对农民工政治信任有重要影响；

假设 8-6.1：关系网络规模越大，农民工政治信任水平越高；

假设 8-6.1.1：一般市民网络规模越大，农民工政治信任水平越高；

假设 8-6.1.2：政府人员网络规模越大，农民工政治信任水平越高；

假设 8-6.1.3：政府人员网络比一般市民网络对农民工政治信任的影响更大；

假设 8-6.2：与没有组织参与的农民工相比，有组织参与的农民工政治信任水平更高；

假设 8-6.2.1：与没有非正式组织参与的农民工相比，有非正式组织参与的农民工政治信任水平更高；

假设 8-6.2.2：与没有正式组织参与的农民工相比，有正式组织参与的农民工政治信任水平更高；

假设 8-6.2.3：正式组织参与比非正式组织参与对农民工政治信任的影响更大；

假设 8-6.3：社会信任对农民工政治信任有重要影响；

假设 8-6.3.1：一般信任水平越高，农民工政治信任水平越高；

假设 8-6.3.2：特殊信任水平越高，农民工政治信任水平越高。

（4）迁移经历

迁移经历是农民工社会化和再社会化过程中最为重要的社会经历之一。社会化理论认为未成年期和成年期的社会化经历均会对个人的政治信任有直接影响，其中未成年期社会化经历会塑造个人的政治信任（尤斯拉纳，2006），成年期的社会化经历则会对已形成的政治信任进行补充和修正（阿尔蒙德、维巴，2014）。随迁经历是一种未成年时期的迁移经历。西方移民研究发现，随着代次的递增，移民感受到的排斥逐渐增多（Portes and Rumbaut，1996；Zhou，1999），他们对主流社会的政治体系抱有更多负面和悲观的态度，更加不喜欢当地政府介入自己的生活中（Bedolla，2005），从而使得他们对当地政府的信任更低（Abrajano and Alvarez，2010）。据此提出假设：

假设 8-7：与没有随迁经历的农民工相比，有随迁经历的农民工政治信任水平更低。

从成年流动经历来看，其一，现阶段农民工非永久性流动让农民工对城市抱有更多的过客心理，对城市的认同感降低，不利于农民工构建对当地政府的信任。西方移民研究也发现迁移时间越长，移民的政治信任水平越高（White，et al.，2008）。其二，流动距离越近，民工对城市语言的掌握明显更高（悦中山，2011），这有助于农民工获取城市政治信息，能够更加理性地对当地政府的绩效进行评价。与政治认知的推导相似，改善农民工制度排斥和制度歧视的相关政策已经开始推行，当农民工了解到这些信息时，他们的政治信任水平会上升。其三，多城流动经历会成为改变农民工对城市政府绩效评价的参照组，原本是与落后的农村地区相比，由于有了其他城市的流动，农民工很可能会将其与其他城市进行比较。鉴于本次调查地来自西部城市，该城市的经济发展水平在全国大城市中处于较弱的位置，这很可能会导致农民工对当地政府的绩效评价降低，进而引起他们的政治信任水平下降。据此提出假设：

假设 8 - 8：流动经历对农民工政治信任有重要影响；

假设 8 - 8.1：流动时间越长的农民工政治信任水平越高；

假设 8 - 8.2：相比省内流动的农民工，省外流动的农民工政治信任水平更低；

假设 8 - 8.3：相比没有多城流动经历的农民工，有多城流动经历的农民工政治信任水平更低。

4. 政治文化现代化的假设

城乡流动加快了农民工从顺从型政治文化意识向参与型政治文化意识的转变。文化理论对政治信任的解释强调农民工政治文化观念对政治信任的影响。其中，有研究认为属于参与型政治文化类型的公众的政治信任较高（阿尔蒙德、维巴，2014），实证结果也显示政治效能感越强，则公众的政治信任越高（Shi，2001；肖唐镖、王欣，2011；李艳霞，2014；王毅杰、乔文俊，2014）。另外，拥有权威价值观的民众对政府表示高度的忠诚（Shi，2001），实证结果也发现，传统的权威价值观越高，民众的政治信任水平越高（Shi，2001；马得勇，2007）。据此提出假设：

假设 8 - 9：政治文化现代化对农民工政治信任有重要影响；

假设 8 - 9.1：与没有公民权利意识的农民工相比，有公民权利意识的农民工政治信任水平更高；

假设 8 - 9.2：内部效能感越强，农民工政治信任水平越高；

假设 8 - 9.3：外部效能感越强，农民工政治信任水平越高；

假设8-9.4：权威价值观越强，农民工政治信任水平越高。

另外，在对政治信任的专门研究中发现政府绩效对政治信任的作用会受到政治文化价值观的调节。不同的政治文化价值观使得公众对政治事件刺激的反应完全不同。由于观念的改变通常落后于制度的改变，因此这种时间的错位会导致文化价值观的取向有时能独立地影响政治信任（Shi，2001）。在西方移民研究中，制度排斥本身就是衡量移民政府绩效的重要内容，而公民权利意识是农民工政治现代化的突出表现，故在研究农民工政治信任时对原分析框架进行调整，把公民权利意识对制度排斥影响政治信任作用的调节效应纳入进来。据此提出假设：

假设8-10：公民权利意识会调节农民工的制度排斥对政治信任的作用；

假设8-10.1：有公民权利意识且感受到机会不公平的农民工政治信任感更低；

假设8-10.2：有公民权利意识且感受到互动不公平的农民工政治信任感更低；

假设8-10.3：有公民权利意识且感受到结果不公平的农民工政治信任感更低。

三　变量设置

1. 因变量——政治信任

政府机构信任：通过询问被访者"X市政府开展了很多工作，人口相关工作如解决工资拖欠、允许流动人口子女在X市接受义务教育、为流动人口提供司法援助和免费计生服务等。对此您的看法是：您认为X市政府做的事情有多少是对的？您认为X市政府处理流动人口问题有多少是公平的？您认为X市政府能够在多大程度上保护流动人口的利益？"（1. 没有；2. 有小部分；3. 一半；4. 绝大多数；5. 全是）来测量。本书的政府机构信任处理为3个题目加总取平均，其Alpha值为0.716。

政府人员信任：通过询问被访者"X市政府领导在电视或报纸上发言时，您觉得他们说得如何？（1. 都不是真的；2. 有很少是真的；3. 有一半是真的；4. 绝大多数是真的；5. 都是真的）"；"您觉得X市大多数政府工作人员在工作中是否诚实可靠？（1. 都不是；2. 很少人是；3. 一半人是；4. 绝大多数人是；5. 都是）"；"您觉得X市大多数政府工作人员是否能够胜任他们的工作？（1. 都不能；2. 很少人能；3. 一半人能；4. 绝大多数人能；5. 都能）"来测量。本书的政府人员信任处理为 3 个题目加总取平均，其 Alpha 值为 0.767。

由于因变量已经在现状分析中进行过详细的介绍，故本章将不再对其进行描述。

2. 自变量及控制变量

根据本书第四章所提出来的农民工政治融入的分析框架，在自变量的选择上与上一章农民工政治参与采用的变量基本一致，包括制度与社会环境因素、本地化社会资本因素、迁移因素、政治文化现代化以及其他个人特征。考虑到政府绩效对政治信任的作用影响，本章把一般政府绩效作为控制变量纳入模型。此外，根据政治融入的概念模型，政治认知、政治参与也被纳入其中。最终本章所采用的自变量及控制变量的定义及其描述性统计结果如表 8 - 1 所示。

表 8 - 1　自变量及控制变量描述（N = 1186）

变量名称	变量定义	取值范围	均值（标准差）
政治认知			
政治意识	关心政治 = 1，不关心 = 0	0，1	0.378
政治知识掌握	参照组为完全没有掌握		
部分掌握		0，1	0.202
完全掌握		0，1	0.015
政治参与			
选举型政治参与	参与 = 1，不参与 = 0	0，1	0.116
非选举型政治参与	参与 = 1，不参与 = 0	0，1	0.117
制度与社会环境因素			
制度排斥			
机会不公平感	感知到 = 1，没有感知到 = 0	0，1	0.342
互动不公平感	感知到 = 1，没有感知到 = 0	0，1	0.369

续表

变量名称	变量定义	取值范围	均值（标准差）
结果不公平感	感知到 = 1，没有感知到 = 0	0，1	0.591
社会排斥			
居住环境	参照组为居住在普通市民小区		
相对独立的外来人口聚集地		0，1	0.184
城中村		0，1	0.296
就业环境	就业单位里没有市民 = 1，有市民 = 0	0，1	0.247
本地化社会资本			
一般市民网络规模	连续变量	0 ~ 70	4.512
政府人员网络规模	连续变量	0 ~ 20	0.430
城市非正式组织	参与 = 1，没有参与 = 0	0，1	0.223
城市正式组织	参与 = 1，没有参与 = 0	0，1	0.114
一般信任	信任 = 1，不信任 = 0	0，1	0.363
特殊信任	信任 = 1，不信任 = 0	0，1	0.569
迁移经历			
未成年期经历	参照组为父辈无流动		
留守经历		0，1	0.240
随迁经历		0，1	0.061
流动时间	连续变量	0 ~ 32	9.073
流动距离	来自省外 = 1，来自省内 = 0	0，1	0.374
去过其他城市	去过其他城市 = 1，没有去过 = 0	0，1	0.379
政治文化现代化			
公民权利意识	有公民权利意识 = 1，没有 = 0	0，1	0.740

续表

变量名称	变量定义	取值范围	均值（标准差）
内部效能感	强 = 1，弱 = 0	0，1	0.630
外部效能感	强 = 1，弱 = 0	0，1	0.321
权威主义价值观	连续变量	4 - 20	11.058
控制变量			
公共服务满意度	满意 = 1，不满意 = 0	0，1	0.308
职业	参照组为受雇的普通劳动者		
管理层		0，1	0.202
自雇		0，1	0.162
收入	连续变量	400～35000	2221.939
收入（对数）	连续变量	5.994～10.463	7.557
教育	参照组为小学及以下		
初中		0，1	0.387
高中		0，1	0.306
大专及以上		0，1	0.230
已婚	已婚 = 1，未婚 = 0	0，1	0.583
年龄	连续变量	18～60	30.255
年龄^2/1000	连续变量	0.258～3.6	0.990
男性	男性 = 1，女性 = 0	0，1	0.557

四　方法与策略

由于因变量农民工的政府机构信任、政府人员信任都是连续变量，为了分析农民工的政治信任的影响因素，本章主要采用 OLS 回归模型作为基本分析模型，模型公式为：

$$y = \sum_{i=1}^{3} a_i q_i + AX \tag{8-1}$$

$$y = b_1 p + \sum_{i=1}^{3} b_{i+1} q_i + BX \tag{8-2}$$

公式（8-1）、公式（8-2）中 y 表示农民工的政治信任状况；p 表示公民权利意识；q 表示制度排斥，其中 q_1 表示机会不公平感，q_2 表示互动不公平感，q_3 表示结果不公平感；回归模型中的最后一部分 X，是一个包含回归截距和其他自变量的矩阵，其中的其他变量如表 8-1 所述（如性别，1 代表男性，0 代表女性）；模型中的 a_i（$i=1$，2，3），b_i（$i=1$，2，3，4），A 和 B 代表相应的回归系数。

为了进一步验证公民权利意识对制度排斥作用的调节效应，将公民权利意识和制度排斥进行交互分析。公式如下：

$$y = c_1 p + \sum_{i=1}^{3} c_{i+1} q_i + p \sum_{i=4}^{3} c_{i+1} q_i + CX \qquad (8-3)$$

其中 p，q_1，q_2，q_3，X 的含义与公式（8-1）相同，$p \times q_1$，$p \times q_2$，$p \times q_3$ 分别表示公民权利意识和机会不公平感、互动不公平感、结果不公平感的交互项。模型中 c_i（$i=1$，2，3，…，7）和 C 代表相应的回归系数。

为了验证农民工政治信任影响因素的解释框架：首先，验证农民工政府机构信任的影响因素分析框架，分别建立以单个因素模块为主变量的单独模型、所有变量同时纳入的全模型以及公民权利意识与制度排斥交互的交互作用模型，用以判断每类因素对于政府机构信任的解释力和稳健性，进而对整个框架进行验证；其次，验证农民工政府人员信任的影响因素分析框架，分别建立以单个因素模块为主变量的单独模型、所有变量同时纳入的全模型以及公民权利意识与制度排斥交互的交互作用模型，用以判断每个因素模块对于政府人员信任的解释力和稳健性，进而对整个综合框架进行验证；最后，比较政治信任两个指标在影响因素上的异同，辨析出影响政治信任最关键的因素及影响路径。

第二节 农民工政府机构信任的影响因素分析

通过检验政治融入概念框架中政治信任与政治参与、政治认知的关系可知，政治参与对政府机构信任呈现明显的负向作用，而政治认知则呈现显著的正向作用。数据结果也验证了概念框架中政治认知、政治参与和政府机构信任的因果关系。其一，政治参与在全模型（模型 8-6）和交互模型（模型 8-7）中都显示有选举型政治参与的农民工对城市政府机构的信任水平明显更低。这可能与农民工选举型政治参与的过程和结果有关，农民工在城市中进行选举型政治参与的难度比较大，需要花费较多的金钱、精力等成本，真正参与的农民工比例极低（杨恒生，2010），这导致农民工群体在选举型政治参与中难以获利，这种失败的政治经历会降低他们对当地政府机构的信任度。其二，在单独模型、全模型以及交互模型中政治认知都表现出稳定的正向作用，即掌握部分政治知识的农民工对政府机构的信任显著更高（见模型 8 - 1、模型 8 - 6 和模型 8 - 7）。由于近年来城市政府制定了一系列流动人口公共服务政策，根据理性选择理论的解释逻辑，农民工初步了解这些公共服务政策时他们会更信任当地政府机构；但随着了解的深入，会发现他们获得的公共服务实际还有很多方面不到位，这时他们对政府机构的信任反而会下降，使得显著性消失。

对制度与社会环境的检验发现，制度排斥和社会排斥对农民工信任城市政府机构有显著影响。从单独检验模型和全模型来看，感知到互动不公平的农民工更不相信城市政府机构，而感知到结果不公平的农民工更相信城市机构。对制度排斥三个维度进行总体分析发现，总体上感知到制度排斥的农民工对城市政府机构更不信任（ - 0.535 + 0.094 < 0 和 - 0.440 + 0.074 < 0）；社会排斥对农民工政府机构表示出稳定的负向作用，即处于就业隔离状态的农民工对政府机构信任感更低（见模型 8 - 2 和模型 8 - 6）。从交互模型来看，加入了公民权利意识的调节后，结果不公平感的作用方向发生了改变，即有公民权利意识且感受到了结果不公平的农民工对城市政府机构信任度显著更低，虽然调节效应非常明显，但这种调节的程度目前还不足以使得农民工群体因为分配结果不公平而产生对政府机构信任的负面影响（0.202 - 0.180 > 0，见模型 8 - 7）。这可能是因为，越感觉到当地市民收入高，则越认为当地政府执政能力强，而将自己与市民的收入差距归因于个体能力的差距。从结果不公平感与公民权利意识交互的效应来看，公民权利意识的出现是农民工从分配制度来理解收入差距的开始。具有公民权利意识的农民工随着对收入差距感知的增强对城市政府机构的信任降低，公民权利意识会引导农民工将对收入差距的感知归因于政府执政的后果而不是个人能力的问题。但即使考虑到公民权利意识的调节作用，结果公平对政府机构信任的总效应也还是正向的。这一结果反映出，农民工群体对目前收入分配的格局实际上基本是认可的。这可能是多年来政府在消除农民工工资拖欠和同工不同酬问题上努力的成效之一。而就业隔离在交互模型中依然呈现出显著的负向作用，这很可能与他们远离城市政治体系、缺乏获得政治信息渠道，且从事城市较底层的工作有关。农民工政府机构信任影响因素的回归分析结果见表 8 - 2。

表 8 - 2　农民工政府机构信任影响因素的回归分析结果（N = 1186，B）

变量	模型 8 - 1	模型 8 - 2	模型 8 - 3	模型 8 - 4	模型 8 - 5	模型 8 - 6	模型 8 - 7
政治认知							
政治意识（无）	0.058 （0.043）					0.025 （0.040）	0.027 （0.040）
政治知识掌握（完全没有掌握）							
部分掌握	0.248 *** （0.052）					0.176 *** （0.048）	0.177 *** （0.048）
完全掌握	- 0.012 （0.173）					- 0.020 （0.155）	- 0.020 （0.154）
政治参与							
选举型政治参与	- 0.044 （0.067）					- 0.109 * （0.061）	- 0.110 * （0.061）
非选举型政治参与	- 0.088 （0.066）					0.026 （0.061）	0.037 （0.061）
制度与社会环境因素							
机会不公平感（无不公平感知）		0.001 （0.041）				- 0.031 （0.041）	- 0.069 （0.106）
互动不公平感（无不公平感知）		- 0.535 *** （0.041）				- 0.440 *** （0.040）	- 0.360 *** （0.076）
结果不公平感（无不公平感知）		0.094 ** （0.041）				0.074 * （0.040）	0.202 *** （0.075）
居住环境（普通市民小区）							

续表

变量	模型 8 - 1	模型 8 - 2	模型 8 - 3	模型 8 - 4	模型 8 - 5	模型 8 - 6	模型 8 - 7
相对独立的外来人口聚集地		0.0405 (0.059)				0.077 (0.057)	0.082 (0.057)
城中村		- 0.028 (0.046)				- 0.014 (0.044)	- 0.012 (0.044)
就业环境（有市民）		- 0.139 *** (0.048)				- 0.117 ** (0.046)	- 0.115 ** (0.046)
本地化社会资本							
一般市民网络规模			- 0.005 (0.003)			- 0.006 ** (0.003)	- 0.006 ** (0.003)
政府人员网络规模			- 0.002 (0.013)			- 0.001 (0.012)	- 0.003 (0.012)
城市非正式组织（没有参与）			- 0.117 ** (0.051)			- 0.104 ** (0.048)	- 0.110 ** (0.048)
城市正式组织（没有参与）				0.022 (0.067)		0.040 (0.063)	0.038 (0.063)
一般信任（不信任）			0.363 *** (0.042)			0.247 *** (0.040)	0.244 *** (0.040)
特殊信任（不信任）			- 0.088 ** (0.041)			- 0.005 (0.038)	- 0.009 (0.038)
迁移经历							
未成年期经历（父辈无流动）							
留守经历				- 0.008 (0.051)		0.003 (0.045)	0.004 (0.045)
随迁经历				- 0.083 (0.089)		- 0.018 (0.080)	- 0.035 (0.080)

续表

变量	模型 8－1	模型 8－2	模型 8－3	模型 8－4	模型 8－5	模型 8－6	模型 8－7
流动时间				－0.006 (0.005)		－0.007 * (0.004)	－0.007 (0.004)
流动距离（省内）				0.055 (0.044)		0.057 (0.040)	0.057 (0.040)
去过其他城市（没去过）				－0.056 (0.044)		－0.037 (0.040)	－0.035 (0.040)
政治文化现代化							
公民权利意识（无）					0.163 *** (0.046)	0.120 *** (0.045)	0.260 *** (0.074)
内部效能感（弱）					0.092 ** (0.044)	0.109 *** (0.041)	0.108 *** (0.041)
外部效能感（弱）					0.042 (0.045)	0.029 (0.042)	0.027 (0.042)
权威主义价值观					0.065 *** (0.007)	0.045 *** (0.006)	0.045 *** (0.006)
交互项							
机会不公平感 × 公民权利意识							0.046 (0.115)
互动不公平感 × 公民权利意识							－0.114 (0.088)
结果不公平感 × 公民权利意识							－0.180 ** (0.087)
控制变量							
公共服务满意度	0.378 *** (0.045)	0.317 *** (0.043)	0.369 *** (0.044)	0.383 *** (0.045)	0.293 *** (0.045)	0.244 *** (0.042)	0.243 *** (0.042)
职业（普通劳动者）							

续表

变量	模型 8-1	模型 8-2	模型 8-3	模型 8-4	模型 8-5	模型 8-6	模型 8-7
管理层	0.022 (0.055)	-0.019 (0.052)	0.041 (0.053)	0.025 (0.055)	-0.004 (0.053)	-0.016 (0.050)	-0.026 (0.050)
自雇	0.006 (0.060)	0.019 (0.057)	0.024 (0.060)	0.015 (0.061)	0.003 (0.058)	0.028 (0.055)	0.022 (0.055)
收入（对数）	-0.043 (0.046)	0.024 (0.044)	-0.001 (0.045)	-0.025 (0.047)	0.024 (0.044)	0.043 (0.0438)	0.041 (0.043)
教育（小学及以下）							
初中	0.101 (0.084)	0.108 (0.079)	0.089 (0.082)	0.104 (0.085)	0.107 (0.081)	0.099 (0.076)	0.089 (0.076)
高中	0.065 (0.088)	0.051 (0.083)	0.052 (0.086)	0.074 (0.089)	0.098 (0.085)	0.042 (0.080)	0.029 (0.080)
大专及以上	-0.033 (0.093)	-0.006 (0.089)	-0.009 (0.091)	-0.044 (0.096)	0.024 (0.091)	-0.012 (0.087)	-0.019 (0.088)
已婚	-0.087 (0.058)	-0.039 (0.055)	-0.088 (0.057)	-0.077 (0.059)	-0.093 (0.057)	-0.049 (0.053)	-0.052 (0.053)
年龄	0.003 (0.019)	0.001 (0.018)	0.001 (0.018)	0.014 (0.020)	-0.004 (0.018)	0.013 (0.018)	0.015 (0.018)
年龄^2/1000	0.012 (0.256)	0.033 (0.242)	0.021 (0.251)	-0.102 (0.270)	0.094 (0.249)	-0.114 (0.242)	-0.147 (0.242)
男性	-0.010 (0.044)	-0.004 (0.041)	-0.023 (0.042)	0.003 (0.044)	-0.010 (0.042)	-0.015 (0.040)	-0.016 (0.040)
常数项	3.096*** (0.419)	3.012*** (0.410)	2.941*** (0.410)	2.865*** (0.445)	1.896*** (0.421)	1.950*** (0.426)	1.846*** (0.428)
调整后的 R^2	0.078	0.186	0.119	0.061	0.138	0.272	0.274
F 值	7.23***	16.96***	10.46***	5.77***	13.62***	12.96***	12.19***

注：*** $p<0.01$；** $p<0.05$；* $p<0.1$；ns 代表不显著；括号内代表参照组。

从本地化社会资本因素的验证结果来看，社会资本对农民工政府机构信任有刺激和抑制双重作用，在一定程度上验证了分析框架中社会资本的作用假设。从单独检验模型来看，参与非正式组织、特殊信任较高的农民工对城市政府机构的信任感更低，而一般信任越高，农民工对城市政府机构信任感反而越高（见模型8-3）。从全模型和交互模型来看，随着一般市民网络规模的扩大，参与了城市非正式组织的农民工更不信任政府机构，而一般信任水平越高农民工对城市政府机构的信任感越高（见模型8-6和模型8-7）。此外，一般性社会资本比政治社会资本对农民工政府机构信任的作用更大。出现这个结果可能的解释是，其一，根据同质性假设可知，农民工社会交往的市民往往是与其社会经济地位相似的人，而城市现行的政策制度无法为农民工提供与市民相同的公共服务，农民工通过与市民的交往可能会更深刻地认识到自己的弱势地位，从而导致他们对政府机构更不信任；其二，非正式组织参与是农民工在城市的一种重要的社会支持，其可能成为农民工对抗城市不公正待遇的后盾，极大地降低他们对政府机构的依赖，影响他们对政府机构的信任；其三，政治社会资本的作用消失很可能是因为农民工群体本身的政治社会资本的存量偏低，且使用率也低；其四，一般信任的验证结果与其他人群的验证结果基本一致（胡荣等，2011；Lane，1969）。

从迁移经历来看，成年流动对农民工政府机构信任有显著负向作用，即在全模型中发现流动时间越长农民工对城市政府机构的信任水平越低（见模型8-4和模型8-6）。但是当进入交互模型之后流动时间的作用消失（见模型8-7）。这一结果表明，迁移经历对农民工政府机构信任的影响存在中介效应，而这个中介效应可能是来自制度排斥与公民权利意识的交互作用。

检验政治文化现代化的影响时发现一些有意思的结论，政治文化现代化对农民工的政府机构信任呈现出两种相反的作用机制：一方面，公民权利意识产生、内部效能感增强的农民工对政府机构的信任水平越高；另一方面，权威价值观的增强是农民工文化观念现代化的反面，随着权威价值观的增强，农民工对政府机构的信任也增强（见模型8-5和模型8-6）。

从其他控制变量来看，公共服务满意度对农民工政府机构信任有显著的促进作用，这个结论符合理性选择的解释逻辑。

第三节 农民工政府人员信任的影响因素分析

通过检验政治融入概念框架中政治信任与政治参与、政治认知的关系可知，政治参与对政府人员信任呈现负向作用，而政治认知则呈现正向作用。数据结果也验证了概念框架中政治认知、政治参与在政府机构信任上的因果关系。从单独检验模型来看，有非选举型政治参与的农民工对政府人员信任更低，有政治意识的、掌握了部分政治知识的农民工对政府人员的信任更高（见模型8-8）；从全模型来看，有非选举型政治参与的农民工对政府人员的信任较低，而有政治意识的农民工对政府人员的信任较高，政治知识掌握的作用消失（见模型8-13）；从交互模型来看，政治意识持续对农民工的政府人员信任产生正向作用，这个结果进一步验证了政治认知与政府人员信任的关系，而非选举型政治参与负向作用的消失，这说明制度排斥与公民权利意识的交互项很可能是政治参与和政府人员信任的中介效应（见模型8-14）。

通过验证制度与社会环境因素的作用假设可知，制度与社会环境因素对农民工政府人员信任的作用主要体现在制度排斥上，即制度排斥对农民工政府人员信任有重要影响。从单独模型和全模型来看，感知到互动不公平的农民工对政府人员的信任水平更低，而感知到结果不公平的农民工对政府人员的信任反而更高（见模型8-9和模型8-13）；从交互模型来看，公民权利意识对制度排斥有明显的调节效应，主要体现在两个方面：一是降低了互动不公平感的负向作用；二是改变了结果不公平感的影响方向，即有公民权利意识且感受到结果不公平的农民工对政府人员的信任感更低，但是从结果不公平感的总效应来说，结果不公平感仍然呈现了正向作用（0.191-0.146>0，见模型8-14）。出现这个结果的解释与制度排斥对农民工政府机构信任的作用基本一致。农民工政府人员信任影响因素的回归分析结果见表8-3。

表8-3 农民工政府人员信任影响因素的回归分析结果（N=1186，B）

变量	模型8-8	模型8-9	模型8-10	模型8-11	模型8-12	模型8-13	模型8-14
政治认知							
政治意识（无）	0.128 *** (0.043)					0.111 *** (0.038)	0.114 *** (0.038)

变量	模型 8 - 8	模型 8 - 9	模型 8 - 10	模型 8 - 11	模型 8 - 12	模型 8 - 13	模型 8 - 14
政治知识掌握（完全没有掌握）							
部分掌握	0.155 *** (0.051)					0.071 (0.045)	0.074 (0.045)
完全掌握	-0.058 (0.169)					-0.117 (0.146)	-0.117 (0.146)
政治参与							
选举型政治参与	0.057 (0.066)					0.002 (0.058)	0.001 (0.058)
非选举型政治参与	-0.223 *** (0.065)					-0.101 * (0.058)	-0.091 (0.058)
制度与社会环境因素							
机会不公平感（无不公平感知）		0.009 (0.040)				-0.009 (0.039)	-0.065 (0.101)
互动不公平感（无不公平感知）		-0.597 *** (0.039)				-0.479 *** (0.038)	-0.404 *** (0.072)
结果不公平感（无不公平感知）		0.115 *** (0.040)				0.088 ** (0.038)	0.191 *** (0.071)
居住环境（普通市民小区）							
相对独立的外来人口聚集地		0.040 (0.057)				0.078 (0.054)	0.082 (0.054)
城中村		0.015 (0.044)				0.025 (0.042)	0.026 (0.042)
就业环境（有市民）		-0.005 (0.046)				0.020 (0.044)	0.019 (0.044)

续表

变量	模型 8－8	模型 8－9	模型 8－10	模型 8－11	模型 8－12	模型 8－13	模型 8－14
本地化社会资本							
一般市民网络规模			－ 0.005 (0.003)			－ 0.005* (0.003)	－ 0.005* (0.003)
政府人员网络规模			－ 0.0001 (0.013)			0.005 (0.012)	0.004 (0.012)
城市非正式组织（没有参与）			－ 0.026 (0.049)			0.012 (0.045)	0.007 (0.045)
城市正式组织（没有参与）			－ 0.131** (0.064)			－ 0.110* (0.060)	－ 0.112* (0.060)
一般信任（不信任）			0.407*** (0.041)			0.292*** (0.038)	0.288*** (0.038)
特殊信任（不信任）			－ 0.171*** (0.040)			－ 0.081** (0.036)	－ 0.085** (0.036)
迁移经历							
未成年期经历（父辈无流动）							
留守经历				－ 0.103** (0.050)		－ 0.092** (0.043)	－ 0.091** (0.043)
随迁经历				－ 0.050 (0.087)		0.014 (0.076)	0.001 (0.076)
流动时间				－ 0.006 (0.005)		－ 0.006 (0.004)	－ 0.005 (0.004)
流动距离（省内）				0.030 (0.044)		0.018 (0.038)	0.018 (0.038)
去过其他城市（没去过）				－ 0.079* (0.043)		－ 0.051 (0.038)	－ 0.051 (0.038)

变量	模型 8-8	模型 8-9	模型 8-10	模型 8-11	模型 8-12	模型 8-13	模型 8-14
政治文化现代化							
公民权利意识（无）					0.127 *** (0.045)	0.063 (0.042)	0.176 ** (0.070)
内部效能感（弱）					−0.031 (0.043)	−0.009 (0.039)	−0.009 (0.039)
外部效能感（弱）					0.102 ** (0.043)	0.088 ** (0.039)	0.086 ** (0.039)
权威主义价值观					0.070 *** (0.007)	0.047 *** (0.006)	0.047 *** (0.006)
交互项							
机会不公平感×公民权利意识							0.068 (0.109)
互动不公平感×公民权利意识							−0.107 (0.083)
结果不公平感×公民权利意识							−0.146 * (0.082)
控制变量							
公共服务满意度	0.433 *** (0.044)	0.362 *** (0.041)	0.423 *** (0.043)	0.445 *** (0.044)	0.344 *** (0.043)	0.275 *** (0.040)	0.274 *** (0.040)
职业（普通劳动者）							
管理层	−0.015 (0.054)	−0.045 (0.050)	0.005 (0.052)	−0.010 (0.054)	−0.051 (0.051)	−0.017 (0.047)	−0.025 (0.047)
自雇	0.008 (0.060)	0.001 (0.055)	0.017 (0.058)	0.015 (0.060)	0.008 (0.057)	0.017 (0.052)	0.013 (0.053)
收入（对数）	−0.011 (0.045)	0.047 (0.043)	0.010 (0.043)	0.004 (0.046)	0.050 (0.043)	0.077 * (0.041)	0.076 * (0.041)

续表

变量	模型 8 - 8	模型 8 - 9	模型 8 - 10	模型 8 - 11	模型 8 - 12	模型 8 - 13	模型 8 - 14
教育（小学及以下）							
初中	0.037 (0.082)	0.060 (0.076)	0.006 (0.079)	0.036 (0.083)	0.059 (0.079)	0.046 (0.072)	0.036 (0.072)
高中	0.084 (0.086)	0.101 (0.080)	0.052 (0.083)	0.085 (0.087)	0.146 * (0.083)	0.086 (0.076)	0.075 (0.076)
大专及以上	- 0.060 (0.091)	0.022 (0.086)	- 0.035 (0.088)	- 0.090 (0.094)	0.038 (0.088)	0.017 (0.083)	0.009 (0.083)
已婚	- 0.034 (0.057)	0.013 (0.053)	- 0.037 (0.055)	- 0.021 (0.058)	- 0.043 (0.055)	- 0.015 (0.050)	- 0.018 (0.050)
年龄	- 0.001 (0.018)	0.0002 (0.017)	0.001 (0.018)	0.010 (0.020)	- 0.006 (0.018)	0.012 (0.017)	0.014 (0.017)
年龄^2/1000	0.064 (0.251)	0.043 (0.233)	0.030 (0.242)	- 0.069 (0.264)	0.127 (0.243)	- 0.136 (0.229)	- 0.167 (0.230)
男性	- 0.044 (0.043)	- 0.042 (0.040)	- 0.049 (0.041)	- 0.021 (0.043)	- 0.038 (0.041)	- 0.051 (0.038)	- 0.052 (0.038)
常数项	3.164 *** (0.410)	2.917 *** (0.395)	3.091 *** (0.395)	3.019 *** (0.436)	2.011 *** (0.410)	1.887 *** (0.404)	1.793 *** (0.406)
调整后的 R^2	0.102	0.233	0.168	0.087	0.172	0.336	0.338
F 值	9.37 ***	22.22 ***	15.08 ***	8.04 ***	17.39 ***	17.22 ***	16.10 ***

注：*** $p < 0.01$；** $p < 0.05$；* $p < 0.1$；ns 代表不显著；括号内代表参照组。

检验本地化社会资本的作用时发现，除了一般信任对农民工政府人员信任有显著的正向作用以外，一般市民网络、正式组织参与以及特殊信任对农民工政府人员信任均有显著的负向作用。其中，在单独检验模型中，正式组织参与、特殊信任对农民工政府人员信任呈现显著的负向作用，而一般信任则对农民工政府人员信任有显著正向作用（见模型 8 - 10）；而在全模型和交互模型中，一般市民网络的负向作用变得显著，正式组织参与、特殊信任持续起到负向影响，而一般信任则依然发挥着显著的正向作用；比较而言，政治社会资本比一般社会资本对农民工政府人员信任的负向作用更大（｜ - 0.005｜ < ｜ - 0.110｜，见模型 8 - 13 和模型 8 - 14）。出现

这个结果可能的原因是，其一，对于一般市民网络的解释与政府机构信任的基本一致。其二，根据社会信任的解释逻辑可知，社会信任是通过溢出效应来影响农民工政治信任的，由于特殊信任更多体现的是熟人之间的信任，熟人之间的信任是一个相对封闭的网络，这种封闭的网络容易导致信息和情感传递的排他性，限制社会信任的溢出性，进而降低对政府人员的信任；与之相对的一般信任则是对一般人群的信任，没有边界，具有很高的溢出效应，进而提高农民工对政府人员的信任。

从迁移经历的作用结果来看，其中，留守经历在单独模型、全模型以及交互模型中都呈现出稳定的负向作用，即有过留守经历的农民工对政府人员更不信任；成年期的流动经历仅在单独模型中呈现显著的负向作用，即去过其他城市的农民工对政府人员更不信任，而进入全模型和交互模型中显著性消失（见模型8-11、模型8-13和模型8-14）。这个结果表明，未成年时期家庭内部结构的变化比家庭外部结构的变化对农民工信任政府人员的冲击更大。这很可能与文化传承机制有关，家庭是传统政治文化传递的重要部门之一。孩子通过与父母的相处学习到他们的政治态度，继承他们的政治文化观念（阿尔蒙德、维巴，2014）。在拆分家庭中成长的农民工，缺乏与父母的接触，来自父辈的政治态度和观念对其影响减弱，造成他们本身的顺从型政治文化观念减弱，故对政府人员的信任度降低。

对政治文化现代化的检验发现，政治文化现代化对农民工的政府人员信任依然呈现出两种相反的作用机制：一方面，公民权利意识、外部效能感的增强促进了农民工对政府人员的信任；另一方面，随着权威价值观的增强，农民工对政府人员的信任也增强（见模型8-12、模型8-13和模型8-14）。这个结果的解释与政府机构信任相似。

从其他控制变量来看，农民工对公共服务满意度越高、个人收入越高，则越信任政府人员。这个结论基本符合理性选择的解释逻辑。

第四节　农民工政治信任的关键影响因素总结

从农民工政治信任两个指标影响因素的验证结果来看，政治参与、政治认知、在农村的早期社会化、在城市的再社会化经历和政治文化现代化对农民工政治信任的作用基本上得到验证（见表8-4）。这说明原分析框架在农民工政治信任上是适用的。

表8-4 农民工政治信任假设的验证情况

需要验证的假设	验证情况		是否通过
	政府机构信任	政府人员信任	
假设8-1：政治认知水平越高，农民工政治信任水平越高	√	√	√
假设8-1.1：与没有政治意识的农民工相比，有政治意识的农民工政治信任水平更高	×	√	√
假设8-1.2：政治知识掌握程度越高，农民工政治信任水平越高	√	×	√
假设8-2：与没有政治参与的农民工相比，有政治参与的农民工政治信任水平更低	√	×	√
假设8-2.1：有选举型政治参与的农民工政治信任水平更低	√	×	√
假设8-2.2：有非选举型政治参与的农民工政治信任水平更低	×	×	×
假设8-3：与没有留守经历的农民工相比，有留守经历的农民工政治信任的水平更低	×	√	√
假设8-4：与没有感知到制度排斥的农民工相比，感知到制度排斥的农民工政治信任水平更低	√	√	√
假设8-4.1：与没有感知到机会不公平的农民工相比，感知到机会不公平的农民工政治信任水平更低	×	×	×
假设8-4.2：与没有感知到互动不公平的农民工相比，感知到互动不公平的农民工政治信任水平更低	√	√	√
假设8-4.3：与没有感知到结果不公平的农民工相比，感知到结果不公平的农民工政治信任水平更低	×	×	×
假设8-5：与没有社会排斥的农民工相比，有社会排斥的农民工政治信任水平更低	√	×	√
假设8-5.1：与没有居住隔离的农民工相比，有居住隔离的农民工政治信任水平更低	×	×	×
假设8-5.2：与没有就业隔离的农民工相比，有就业隔离的农民工政治信任水平更低	√	×	√

续表

需要验证的假设	验证情况		是否通过
	政府机构信任	政府人员信任	
假设8-6：本地化社会资本对农民工政治信任有重要影响	√	√	√
假设8-6.1：关系网络规模越大，农民工政治信任水平越高	×	×	×
假设8-6.1.1：一般市民网络规模越大，农民工政治信任水平越高	×	×	×
假设8-6.1.2：政府人员网络规模越大，农民工政治信任水平越高	×	×	×
假设8-6.1.3：政府人员网络比一般市民网络对农民工政治信任的影响更大	×	×	×
假设8-6.2：与没有组织参与的农民工相比，有组织参与的农民工政治信任水平更高	×	×	×
假设8-6.2.1：与没有非正式组织参与的农民工相比，有非正式组织参与的农民工政治信任水平更高	×	×	×
假设8-6.2.2：与没有正式组织参与的农民工相比，有正式组织参与的农民工政治信任水平更高	×	×	×
假设8-6.2.3：正式组织参与比非正式组织参与对农民工政治信任的影响更大	×	×	×
假设8-6.3：社会信任对农民工政治信任有重要影响	√	√	√
假设8-6.3.1：一般信任水平越高，农民工政治信任水平越高	√	√	√
假设8-6.3.2：特殊信任水平越高，农民工政治信任水平越高	×	×	×
假设8-7：与没有随迁经历的农民工相比，有随迁经历的农民工政治信任水平更低	×	×	×
假设8-8：流动经历对农民工政治信任有重要影响	×	×	×
假设8-8.1：流动时间越长的农民工政治信任水平越高	×	×	×
假设8-8.2：相比省内流动的农民工，省外流动的农民工政治信任水平更低	×	×	×
假设8-8.3：相比没有多城流动经历的的农民工，有多城流动经历的农民工政治信任水平更低	×	×	×

需要验证的假设	验证情况		是否通过
	政府机构信任	政府人员信任	
假设8-9：政治文化现代化对农民工政治信任有重要影响	√	√	√
假设8-9.1：与没有公民权利意识的农民工相比，有公民权利意识的农民工政治信任水平更高	√	√	√
假设8-9.2：内部效能感越强，农民工政治信任水平越高	√	×	√
假设8-9.3：外部效能感越强，农民工政治信任水平越高	×	√	√
假设8-9.4：权威价值观越强，农民工政治信任水平越高	√	√	√
假设8-10：公民权利意识会调节农民工的制度排斥对政治信任的作用	√	√	√
假设8-10.1：有公民权利意识且感受到机会不公平的农民工政治信任感更低	×	×	×
假设8-10.2：有公民权利意识且感受到互动不公平的农民工政治信任感更低	×	×	×
假设8-10.3：有公民权利意识且感受到结果不公平的农民工政治信任感更低	√	√	√

一　农民工政治信任两个指标影响因素的异同分析

从政治参与、政治认知上来看，政治参与和政治认知在农民工政治信任的两个指标上都有显著的作用。其一，政治参与对农民工政治信任两个指标均呈现负向作用，选举型政治参与对农民工政府机构信任有显著的负向作用，非选举型政治参与则对农民工政府人员信任有显著负向作用，但将制度排斥和公民权利意识的交互项纳入之后，这个负向作用消失。这很可能是由两类政治参与面向的政府层次不同导致的，选举型政治参与是一种面向政府机构的政治参与形式，而非选举型政治参与则是一种面向政府人员的政治参与形式，故两种政治参与经历的后果也就直接作用在相应的政府层次上。其二，政治认知对农民工政治信任两个指标均呈现出显著的促进作用，其中，政治认知对农民工政府机构信任的正向影响主要来自政治知识掌握，而对政府人员信任的正向作用主要来自政治意识。这可能是因为政治知识更多地是以政府机构为整体颁布的各项政策规章，而政治意识关注更多的是政府人员的行为表现。

从制度与社会环境因素来看，制度排斥和社会排斥对农民工的政治信任两个指标均有着重要影响。比较而言，制度排斥对两个指标的影响基本一致，即感知到互动不公平的农民工政治信任水平下降，而感受到结果不公平的农民工政治信任水平上升，且公民权利意识对其产生了明显的调节作用；社会排斥对农民工政治机构信任的影响更大，即就业环境中没有市民同事的农民工对政府机构更不信任。这很可能与农民工处于的社会经济状况有关，处于就业隔离的农民工的经济地位更加弱势，这可能会导致他们对政府机构的抱怨。

从本地化社会资本因素来看，社会资本对农民工政治信任两个指标都起到了重要的作用。其中，一般市民网络对政治信任两个指标起到明显负向作用，而一般信任则对两个指标起到显著的促进作用；非正式组织参与对农民工政府机构信任有显著的抑制作用，而正式组织参与、特殊信任则对农民工政府人员信任起到显著的抑制作用。

政治文化现代化对农民工政治信任的两个指标都有显著的促进作用，其中公民权利意识、权威价值观对两个指标的作用基本一致，作用的差异主要体现在效能感上，内部效能感显著促进其对政府机构的信任，而外部效能感显著促进其对政府人员的信任。这可能与两种效能感的测量指向有关，内部效能感更多地是对政府回应性的评价，回应行为主要是政府机构的整体行为；而外部效能感则是对自我政府影响力的判断，这种影响力更多地是表现在改变政府人员行为或者决策上。

从迁移经历来看，在农村早期社会化中的留守经历对农民工政府人员信任的负向作用更大，这可能是因为幼年家庭拆分让农民工的传统顺从型政治文化承继出现断裂。

此外，从其他控制变量上看，代表一般政府绩效的公共服务满意度对农民工政治信任两个指标均有显著促进作用，而经济状况对农民工政府人员的信任有显著促进作用，但对政府机构信任则没有作用。这可能与人们对自己收入状况不理想有关，以往大多研究也发现民众对政府的不信任大多是来自他们对政府人员的不信任（胡荣，2007），故当农民工对自己收入表示不满意时，他们更多地将其归因于政府人员而非政府机构。

二　农民工政治信任的关键影响因素总结

通过数据检验发现，政治认知、选举型政治参与、制度排斥、本地化社会化资本、文化观念现代化、留守经历是影响农民工政治信任的关键因素。通过对以上关键影响因素进一步探讨可知：其一，政治认知水平的提升有助于农民工掌握更多城市政府的相关信息，对政府信息的掌握是人们理性而客观地认识、评价政府的前提；其二，在城市选举型政治参与经历是农民工与城市政府直接接触的经历，根据社会化理论逻辑可知，政治经历会直接影响农民工对政府的评价（阿尔蒙德、维巴，2014）；其三，公平性本身就是政府评价中的一个要素（Lee and Glasure，2002；尤斯拉纳，2006），而制度排斥和社会排斥反映的是农民工的主观公平感知和客观公平性；其四，一般市民网络、正式组织参与以及非正式组织参与是农民工获取政府信息的重要渠道之一，而政府信息多少是影响农民工评价政府的关键要素，根据理性选择理论的逻辑，农民工对政府的评价会影响其政治信任（Citrin and Green，1986）；其五，流动带来的农民工政治文化观念（包括公民权利意识、效能感以及权威价值观）的变化会直接促使农民工的政治态度的形成，进而影响政治信任；其六，社会信任能够通过溢出效应影响农民工原有的政治态度，进而影响他们的政治信任；其七，未成年期的留守经历造成农民工传统文化代际传承的断裂，影响他们政治态度的形成，进而影响政治信任。据此，本书对影响政治信任的关键因素进行重新归类，发现关键影响因素主要是通过对政府行为结果的理性计算，修正固有的政治态度，影响农民工的政治信任。

第五节　本章小结

本章利用 2012 年 X 市农民工调查数据，对当代中国农民工政治信任的影响因素进行了系统深入的研究，在政治信任维度上验证了第三章和第四章中所构建的农民工政治融入概念框架和分析框架的有效性。主要研究发现和结论包括以下几点。

第一，验证了农民工政治融入概念框架以及现状初步分析中政治认知、政治参与和政治信任之间的关系，即政治认知对农民工政治信任有显著正向影响，而政治参与对农民工政治信任有显著的负向作用。从政治参与上看，选举型政治参与对政府机构信任有显著的抑制作用，而非选举型政治参与则对政府人员信任有显著的抑制作用且制度排斥和公民权利意识的交互项对这个作用有中介效应。从政治认知来看，政治知识掌握对政府机构信任有显著的促进作用，而政治意识则对政府人员信任有显著的促进作用。

第二，发现了制度与社会环境因素对农民工的政治信任产生了促进和抑制的双重作用。其一，制度排斥对农民工政治信任的两个指标均起到促进和抑制的双重作用，且公民权利意识对其有明显的调节作用。感知到互动不公平的农民工政治信任水平更低，感知到结果不公平的农民工政治信任水平更高；当加入公民权利意识这个调节效应后发现，有公民权利意识且感受到了结果不公平的农民工对城市政府信任度显著更低，调节效应非常明显，但这种调节的程度目前还不足以使得农民工群体因为分配结果不公平而产生对政治信任的负面影响。其二，社会排斥对农民工政府机构信任起到显著的抑制作用，即单位中没有市民同事的农民工对政府机构更不信任。

第三，发现了本地化社会资本对农民工政治信任两个指标都起到了促进和抑制的双重作用。其一，社会资本对政府机构信任有促进和抑制的双重作用，即随着一般市民网络规模的扩大，参与了非正式组织的农民工对政府机构更不信任，而随着一般信任水平的升高农民工对政府机构的信任水平也随着上升；其二，社会资本对政府人员信任也呈现出促进和抑制的双重作用，即随着一般市民网络规模的扩大、特殊信任水平的上升，参与了正式组织的农民工对政府人员更不信任，而一般信任水平越高则农民工对政府人员越信任；其三，比较社会资本对政治信任两个指标的影响差异可知，政府机构信任主要受到非正式组织的负向影响，而政府人员信任则主要受到来自正式组织和熟人信任的抑制作用；其四，一般社会资本比政治社会资本对农民工政府机构信任的负向作用更显著，而政治社会资本比一般社会资本在农民工政府人员信任的作用中更有优势。

第四，验证了农村早期社会化和迁移经历对农民工政治信任的作用，发现了未成年时期的留守经历对农民工政府人员信任的负向作用更大。而成年期的流动城市经历对农民工政府机构信任的负向影响更大，且制度排斥和公民权利意识的交互项对其起到完全中介的作用。

第五，发现了政治文化现代化对农民工政治信任有明显的促进和抑制双重作用。数据结果显示，政治文化现代化中的公民权利意识、效能感增强对农民工政治信任的两个指标均有显著的促进作用，而政治文化现代化的反面权威价值观的增加对农民工政治信任的两个指标也呈现出显著的促进作用。比较政治文化现代化对政治信任两个指标作用的差异发现，内部效能感对农民工政府机构信任的促进作用更显著，而外部效能感对农民工政府人员信任的促进作用更显著。

第六，发现了其他控制变量对于政治信任两个指标的影响路径的异同。其一，公共服务满意度对政治信任的两个指标均有显著促进作用，即公共服务满意度越高，则农民工政治信任水平越高；其二，社会经济地位仅对政府人员信任有显著正向影响，即收入越高，农民工政府人员信任水平越高。

第七，通过比较政治信任两个方面的影响因素的异同，发现了制度排斥、社会排斥、政治参与以及留守经历是农民工政治信任的关键抑制性因素，其中公民权利意识会扩大制度排斥的抑制作用；而政治认知、政治文化是其关键的促进性因素；本地化社会资本呈现抑制与促进的双重影响。这些因素通过影响农民工对当前政府的评价来不断修正原有的政治态度，进而影响政治信任的形成：一方面，政治认知、选举型政治参与、制度排斥和社会排斥、一般市民网络、城市组织参与提高了农民工对城市政府的感受程度，有助于他们通过收益与成本的计算对固有的政治文化规范进行修正；另一方面，政治文化现代化、社会信任以及未成年期的留守经历会直接影响农民工政治态度的形成，从而影响农民工的政治信任。

第四篇　结论与政策建议

本篇是在第二篇理论研究和第三篇实证研究的基础上，总结本书的主要结论和主要贡献，提出一些旨在促进农民工政治融入的政策建议，并对下一步的研究进行展望。本篇包括两章：第九章总结本书的主要研究发现、主要贡献以及研究展望；第十章，根据实证研究的主要发现提出政策建议。

第九章 结论与展望

本章对本书的主要工作及其结论进行总结，给出本书的主要创新点和突破，根据本书第三章至第八章的研究发现指出本研究中存在的一些不足并进行讨论，并对下一步的研究进行展望。

第一节 主要结论

本书采用社会化理论的研究范式作为指导，着眼于农民工迁移过程，在农村的早期社会化过程到城市的再社会化过程中寻找农民工政治融入的影响因素。根据中国的特殊社会情境和农民工群体的特性，本研究修正了农民工政治融入的概念，并从农村早期社会化和城市再社会化两个角度构建了分析框架，采用定量分析的方法揭示了农民工政治融入的现状及影响因素。主要得到以下结论。

第一，提出了城镇化背景下农民工政治融入的概念和分析框架。本书结合中国社会情境因素和农民工群体的现实特征，指出政治认知模糊、政治参与不足与政治信任偏低是农民工在城市边缘化的主要表现。本研究基于"融入理论"把农民工政治融入的概念界定为"从陌生人逐渐向城市政治共同体成员转变的过程"，包含政治认知、政治参与和政治信任三个维度。据此设计了一套测量指标体系，完成农民工政治融入概念的操作化。另外，本书在对社会化理论、社会资本理论、资源理论以及理性选择理论深入解读的基础上，建立国际移民政治融入的一般性解释框架，并从社会化理论出发，基于城乡二元体制，重新认识农民工在迁移中发生的各种变化及其对政治融入的影响，构建了城镇化背景下农民工政治融入的分析框架。该框架的提出有助于全面系统地认识农民工政治融入的现状及影响因素。

第二，农民工政治融入存在"政治认知→政治参与→政治信任"的渐进和逐步融入的关系，并且农民工的政治认知水平明显高于其政治参与和政治信任水平，且随着政治认知水平的提高，农民工的政治参与和政治信任水平也明显上升；而过往的城市政治参与经历会直接影响农民工对政府的信任，即有过选举型政治参与的农民工政治信任水平更低。这隐含着农民工在城市的政治参与的最终结果往往并不理想。

第三，因父辈外出而被独自留在农村的生活经历会降低农民工政治融入的可能性。这一点主要表现在留守经历对政治信任维度的抑制作用上，即与父辈无流动的农民工相比，有留守经历的农民工对城市政府人员的信任度更低。留守经历意味着农村传统顺从型政治文化传承的断裂，导致农民工对城市政府的质疑更多地来自对政府人员的质疑。

第四，城乡二元结构和户籍制度引致的制度排斥、社会排斥对农民工政治融入实现有重要的抑制和刺激作用。其一，互动不公平感、居住隔离和就业隔离会抑制农民工政治认知水平的提升；其二，机会不公平感、居住隔离会刺激农民工政治参与，而结果不公平感、就业隔离则对政治参与有明显的抑制作用；其三，互动不公平感、就业隔离会降低农民工政治信任的水平，而结果不公平感反而会促使政治信任水平的提升，但是公民权利意识会对结果不公平感进行调节，改变结果不公平感的作用方向即有公民权利意识且感知到结果不公平的农民工政治信任水平更低。

第五，本地化社会资本对农民工的政治融入有促进和抑制的双重影响。其一，在市民网络中一般市民网络比政府人员网络对农民工政治融入的影响更大。即随着一般市民网络规模的扩大，农民工政治认知和政治参与水平逐渐提升，政治信任水平逐渐下降。其二，在组织参与中，非正式组织参与对非选举型政治参与、政府机构信任的作用更大，而正式组织参与对选举型政治参与和政府人员的影响更大。其中，正式组织参与对农民工政治知识掌握、两类政治参与均起到显著的促进作用，对政府人员信任起到显著的抑制作用；非正式组织参与对政治知识掌握、非选举型政治参与有显著的正向作用，而对政府机构信任起到显著的负向作用。其三，社会信任中一般信任比特殊信任对农民工政治融入的作用更大。其中，一般信任越高，农民工政治认知水平、选举型政治参与的可能性以及政治信任水平越高，非选举型政治参与的可能性越低；特殊信任越高，农民工非选举型政治参与的可能性越高，而政府人员信任水平越低。

第六，迁移经历对农民工政治融入有明显的促进作用。其中，未成年时期的随迁经历是影响农民工政治参与的关键因素之一，即与父辈无流动相比，有过随迁经历的农民工选举型政治参与的可能性更高。而成年时期的流动经历是影响农民工政治认知的关键，即来自省内的农民工的政治认知水平显著高于来自省外的农民工。

第七，政治文化现代化能够提升农民工的政治认知、政治参与和政治信任水平，而与之相对的传统政治文化持续对政治信任发挥促进作用。其中，公民权利意识的提高，有助于实现农民工政治认知和政治信任水平的提升；政治效能感的增强不仅提高了政治认知和政治参与水平，还会促使政治信任的形成；此外，传统政治文化的典型代表权威价值观则仅对农民工的政治信任有影响，即权威价值观越高农民工政治信任水平越高。

第二节 主要贡献

本书在已有理论及实证研究基础上，结合中国社会情境，提出城镇化背景下农民工政治融入的概念和分析框架，并从政治认知、政治参与和政治信任三个维度对其现状及影响因素进行了系统深入的研究。本研究主要在以下四个方面取得了突破。

第一，提出了政治融入的概念测度和城镇化背景下农民工政治融入的分析框架。本书从融入理论切入，把农民工政治融入概念修正为"从陌生人逐渐向城市政治共同体成员转变的过程"，从政治参与一个维度拓展到政治认知、政治参与和政治信任三个维度，丰富了政治融入的内涵；引入社会化理论和社会资本理论，与中国城镇化过程中农民工政治生活实践相结合，强调中国制度情境和农民工迁移特征，重新认识农民工在迁移中发生的各种变化及其对政治融入的影响，提出包含社会排斥、制度排斥、社会资本、留守随迁经历、流动经历以及政治文化等关键理论要素的农民工政治融入的分析框架。该框架不仅弥补了以往农民工问题研究中忽视农村早期社会化和农民工幼年社会化作用的不足，而且对促进农民工加快融入城市社会和建设责任政府提供了理论基础。

第二，发现了农民工政治认知的主要影响因素及其途径。无论是政治意识还是政治知识掌握，与市民隔离、社会网络、组织参与、流动距离都显著影响农民工的政治认知，并共同形成政治认知的信息流通渠道；不公平感、公民权利意识、外部效能和一般信任则形成信息获取意识，进而影响农民工的政治认知。这些发现表明，制度排斥和社会排斥不利于农民工形成政治意识和掌握政治知识，而组织参与、市民网络、跨省流动、公民权利意识、在城市的一般信任有积极的正面作用，留守和随迁经历并没有显著影响。本研究有助于系统全面把握农民工政治认知成因，对于政府有效引导农民工提高政治认知，进而促进政治融入具有较强的理论和现实借鉴意义。

第三，发现农民工政治参与是通过群体利益一致性和强化外来人口身份来实现的。与市民的居住隔离、（非正式）组织参与、在城市的特殊信任有利于形成一体化利益，从而促进选举型和非选举型政治参与；政治认知、机会不公平感、一般市民网络和随迁经历则通过外来人口身份强化对农民工政治参与的正向影响。这些发现表明，排斥性的制度和非制度因素往往促使农民工群体强化外来人口身份、形成利益共同体，进而通过政治参与实现利益诉求。本研究对于正确认识农民工政治参与提供了思路和途径，对政府从制度和非制度方面消除不利于农民工生存与发展的障碍、引导农民工有序进行政治参与具有较强的借鉴意义。

第四，发现农民工政治信任受其对政府绩效理性评价和政治态度的显著影响。政府绩效的理性评价表现在政治认知、政治参与、组织参与、就业隔离和不公平感等方面，其中政治认知和结果不公平感强化政府绩效的正面评价，其他则加强了负面评价；政治态度表现为公民权利意识、内（外）效能感、权威主义价值观、一般（特殊）信任以及留守经历，其中特殊信任和留守经历不利于形成积极的政治态度，其他均为积极影响。发现了农民工政治融入的"政治认知→政治参与→政治信任"的内在关系，对于引导农民工正确评价政府绩效、形成积极的政治态度，最终信任政府机构和政府工作人员具有积极的实践价值。

第三节　研究展望

本书对城镇化背景下农民工政治融入的现状及影响因素进行了较为系统、深入的分析，并取得了一些有价值的研究成果，但是仍然存在一些不足。本书的研究局限性和未来的研究空间主要包括以下几个方面。

首先，本书实证分析采用的农民工数据是利用配额抽样的方法进行收集的，缺乏抽样框，这种非等概率抽样不可避免地会导致数据的偏差。这会导致农民工在某些方面的生活状态的结论推广性受到制约，这些结论包括农民工政治融入的现状等。但是鉴于样本量相对较大，并且在性别、职业、年龄等方面具有明显的差异，样本保证了数据在因果关系研究上的可行性，相关研究结论对其他地区的实证分析具有启示意义。

其次，农民工群体内部分化已经逐渐显现，尤其是代次更替和由流民趋向移民的整体性变迁已经产生。新生代农民工已经开始逐渐替代第一代农民工成为群体的主要组成部分。两代农民工社会化经历的差异、所处生命历程阶段的不同，造成了两代农民工在价值取向、行为模式、社会态度等方面有着显著的区别。因此，在未来的研究中可以考虑进行农民工的代次比较分析。

再次，从中国现阶段的制度改革方向来看，农民工流入城市类型不同，他们所要面临的社会、经济、制度环境存在很大的差别：大城市的经济环境好、就业机会多、基础设施完备，但是社会软环境和制度环境更为苛刻；小城镇的经济环境相对差，但是社会和制度环境较为宽松；而中、小城市则介于二者之间。此外，东、中、西部城市的经济社会发展阶段具有明显的分层：东部城市目前主要经历着后工业化时期的产业结构转型，以及劳动需求的高端化；而中、西部城市则仍然处于高速的工业化阶段，对低端劳动力仍有较大的需求缺口；此外，还有一些城市群或大都市区等具有特殊的区域类型。所以，随着多向、多核心人口流动趋势的发展，农民工的政治融入问题将会是一个多样化情境下的复杂问题，因此非常有必要进行区域类型的划分和比较，以检验分析框架的有效性和普适性。

最后，政治认知、政治参与和政治信任三个维度之间存在一定程度的相互作用，本书采用截面数据分析政治融入各维度之间的递进关系，只能进行初步的探索，给出近似的规律，很难完全将三者之间的关系辨析清楚。因此，在未来的研究中可以考虑开展农民工的追踪调查，在追踪数据中对三者关系进行进一步验证。

第十章 政策建议

农民工政治融入问题从微观而言是城市弱势群体权利保护和发展的重要问题，而从宏观而言则是关乎社会稳定和民主政治发展的关键问题。本书揭示了当前城镇化背景下农民工政治融入的水平，识别出关键影响因素，为促进农民工政治融入、预防农民工走向政治边缘化，给出明确的政策指向。本章基于研究发现，从多角度、多方面入手，提出针对农民工政治融入的政策建议。

一 加快户籍制度改革的步伐，改变选举制度、福利制度与户籍制度挂钩的问题，赋予农民工在城市平等的政治权利

农民工政治融入是一个起于制度又归于制度的问题，政治融入的实现最终依赖于制度的改革和调整。户籍制度改革和公共服务均等化是现阶段政府解决城市农民工问题的主要政策手段。通过对以户籍制度为基础的一系列城乡有别的制度体系的改革赋予农民工平等的公民权。为农民工在乡城之间自由迁移创造公平的政策制度环境，逐步实现基本公共服务均等覆盖，促进农民工在城市的政治融入。

第一，在当前中国城镇化进程加快的背景下，推进户籍制度改革。一方面，中小城市、小城镇特别是县城和中心镇应从实际出发，放宽落户限制，建立公平的制度环境，有序推动农民工从制度身份上的转变，多渠道、多路径接受处于不同文化水平、有能力、有技术以及合法务工纳税的农民工成为城市市民。另一方面，在大城市通过居住证改革，建立公平的福利保障体系缓解城市二元分割问题；以居住证绑定公共服务，逐步实现基本公共服务均等化；进一步明确居住证的身份功能，强调其在劳动力市场进入、劳动保障等方面的基础性作用。

第二，全面推进基本公共服务均等化，建立公平的社会保障体系，不断扩大社会保障覆盖面，完善多元化住房供给制度。首先，城市基本公共服务供给对象由本地户籍人口逐步向常住人口转变，实现基本公共服务覆盖城市常住的农民工及其随迁家人，使其能够逐渐享受到与市民相同的权利。城市政府应该按照常住人口配置基本公共服务资源，不断提高城市承载力，努力缩减农民工在公共服务享受中与市民的差距。依托城市已有的设施和平台，整合各部门的公共资源，建立针对农民工的综合性服务平台，为他们提供便捷而优质的服务。其次，逐步改善农民工居住环境，重视城市住房保障体系中的社群隔离问题。目前大部分农民工尚未被纳入城市住房保障体系中，没有资格购买经济适用房或租用廉租房。且部分城市仍然采取建设农民工集体宿舍、建立农民工社群等方式解决农民工住房问题。实际上，这种方式会加剧农民工与城市市民的居住隔离。而研究结果发现，居住隔离在很大程度上会降低农民工政治融入的可能性。因此，需要改变已有的政策制度中加剧居住隔离的因素，避免采用农民工独立社群的发展计划，应该以尽可能赋予农民工与市民相同的住房保障权利为立足点，完善农民工在城市的住房保障体系，把符合条件的农民工纳入进来，并逐步将在城市稳定就业的农民工纳入住房公积金制度实施范畴，规范城市房屋的租赁市场，鼓励有条件的农民工在城市租赁或购买房屋，并赋予他们享受印花税和购房契税等优惠政策的权利。最后，维护农民工的劳动保障权益，加速农民工就业正规化进程，保证农民工与市民享有同等的职业发展权利。监督用人单位与农民工签订并履行劳动合同，依法进行劳务派遣，整合劳动用工的备案、社会保险登记以及就业失业登记，用以实现对用人单位雇用农民工的动态监管。把与企业有稳定劳动关系的农民工纳入与城市市民相同的职工基本社会保险（如养老、医疗）体系之中，建立灵活就业农民工的社会保障政策，完善社会保险关系的转接转续政策。为农民工提供与市民职工平等的升职通道，在保障农民工与市民同工同酬的基础上，关注农民工与市民职业流动的机会公平。

第三，打破政治参与的制度壁垒，赋予农民工在城市进行政治参与的权利。减少农民工在城市政治参与的资格限制，精简政治参与的程序，真正做到以居住地代替户籍所在地来确定选举资格；重视发展农民工党员，加强农民工的党组织建设，建立城乡党组织系统一体化，以城市党组织为主、农村党组织为辅的农民工党员管理服务制度。鼓励在各级党代会、人大、政协的代表中选取优秀农民工党员，鼓励农民工在工会、社区居委会等组织中行使民主选举、决策、管理和监督的权利，赋予农民工与城市市民相同的政治参与权。畅通农民工维权的渠道，全面推进农民工保障的网络化管理，完善对农民工用人单位的监管制度，健全农民工投诉制度，建立健全的农民工个人和集体的劳动争议仲裁机制，增强农民工维权的能力。

二 改善农民工随迁子女的学习生活条件，持续加大对留守儿童的关注

第一，保障农民工随迁子女在城市享受平等的教育权。随着农民工在城市的停留时间变长，家庭流动逐渐代替个人流动成为农民工主要的流动模式，未成年期的随迁经历提高了农民工子女的城市适应性。研究结果也证明有随迁经历的农民工政治融入水平更高。目前农民工随迁子女在城市就学还存在较多限制。城市政府应该从长远出发，本着公平正义的原则，更加积极地应对和解决农民工子女的教育问题，逐步实现农民工随迁子女享受与城市儿童同等的待遇。其一，城市政府要把农民工随迁子女教育纳入教育发展规划，合理整合学校的资源，加大公办学校的教育经费投入，保证农民工随迁子女在城市能够具有平等接受义务教育的权利。其二，城市的公办义务教育学校要对农民工随迁子女开放，可以考虑将其与城镇户籍的学生混合在一起，进行统一管理，并且力图达到满足所有符合条件农民工的随迁子女在城市接受学前教育的需要。其三，对部分农民工随迁子女在民办学校接受义务和学前教育的，政府要采取购买服务等方式保证经费支持，帮助和支持民办学校提高义务教育的质量。其四，教育主管部门应该研究制定农民工随迁子女在异地参加中考、高考的办法，使得他们能够安定地在城市学习生活。

第二，健全农村留守儿童的服务体系。农村留守儿童问题已经引起了全社会的广泛关注。未成年期的亲子分离带来的不仅是农民工子女在情感和照料上的缺失，还阻碍了传统政治文化的传承，影响了农民工子女政治态度和文化观念的形成。研究发现有留守经历的农民工子女成年后的政治融入水平更差。各级政府特别是教育管理部门应合理分担留守儿童的教育成本，加大寄宿制中心学校的建设，建立多种形式的留守儿童的保护网络，从心理情感、营养健康、行为养成、人格品质和人身安全等多方面构建留守儿童关怀体系。加快展开农村学前教育计划，全面满足农村留守儿童就读幼儿园的需求。对贫困地区的农村学校予以高度关注，改善学校基础设施，保证学校教师资源，完善农村学校的寄宿制度建设，落实义务教育阶段对农村经济困难家庭的生活补助。此外，从营养改善到心理关怀，构建学校、家庭、社区"三位一体"的留守儿童关怀体系。

三　大力提高农民工本地化社会资本存量

第一，改善城市的社会氛围，为农民工和市民互动创造更多的机会。引导形成接纳和包容的新社会文化风尚，促进城市市民与农民工群体的沟通和理解；鼓励农民工和市民在工作和生活中进行广泛深入的交流，通过宣传教育，消除市民对农民工存在的偏见与歧视心理，让全社会认识到农民工对城市发展所做的贡献；积极改善农民工的居住生活环境，鼓励农民工与市民共同居住在一个社区中，组织社区活动，提供城乡人口相互了解与融合的平台，增加农民工与城市市民的互动机会，帮助农民工顺利适应并融入城市生活。

第二，鼓励农民工参与各种社团组织与活动，为其营造良好的社会交往环境，是提高农民工社会资本存量的一个重要途径。农民工在城市参与各种组织和活动，有助于拓展并改善其社会关系的构成。一方面鼓励农民工参与城市的各种组织，尤其是有市民参与的非正式组织，鼓励他们与城市市民一起参与城市管理和公益活动，在社区层面上组织农民工建立行业协会或者自管组织，帮助他们构建彼此认同的交往网络，扩大他们在城市的社会交往圈，使他们在参与城市的社会活动中建立新的社会网络关系；另一方面降低农民工参与和建立社团组织的门槛，吸引农民工加入各种正式组织，不仅有利于农民工合法权益的维护，而且能够增强其对所在单位的认同感、归属感及主人翁意识，提升社会交往层次，帮助农民工逐渐降低对强关系型社会网络的依赖，增强他们融入城市的个人能力，从而加快农民工市民化的进程。

第三，熟悉是信任的前提，让农民工尽快熟悉城市社会，是提高农民工在城市的社会信任的关键。然而农民工流动到城市，陌生的环境、陌生的人群将直接导致他们对城市社会的信任缺失。为了有效地提高农民工的社会信任感，应该注重发挥社区、企业的力量，通过社区、企业单位的宣传与参与，创造农民工与市民的沟通机会，让农民工认识城市，鼓励社区成员互相帮助，倡导城市非正式组织吸纳农民工成员，扩大农民工在城市的社会交往网络，进而改善农民工在城市的社会信任感。

四　加快农民工政治文化现代化建设，改变传统性别角色定位

第一，打破农村传统政治文化的桎梏，提高农民工的城市适应度，加快农民工政治文化现代化的进程。一方面，大力推进城镇化建设，积极发

挥城镇的辐射效应，通过城镇市民的示范效应影响农民的政治文化心理的变化；加强城乡关联度，促进城乡文化一体化，以城镇为中心带动周边农村的文化发展，建立"一城带一乡"的模式，推进农村政治文化的现代化。另一方面，加强城市的政治思想工作和科普宣传教育，引导农民工政治文化的现代化；通过依托社区组织、非政府组织以及各类教育机构，开展农民工政治文化的宣传、教育，培养农民工现代化的政治文化心理；发挥大众传媒的作用，向农民工普及政治文明、民主与科学、依法治国等现代公民文化理念。

第二，充分关注女性农民工在政治融入中的弱势地位，积极推广性别平等的理念，构建性别平等的社会文化氛围。一方面，把性别平等原则切实体现在社会生活的各个方面、各个领域，从政策制定和执行层面杜绝男女不平等、不公平现象的发生。另一方面，充分发挥大众传媒的正确舆论导向作用，大力开展性别平等教育，努力打破传统"男主外，女主内"的性别角色分工。努力消除传统政治文化中的性别歧视和偏见，让男女平等的两性关系成为社会公众普遍认同的观念。此外，积极鼓励女性树立"自尊、自信、自立、自强"的理念，积极提高自身的素质和能力。

参考文献

艾丽颖：《农民工城市政治参与的制约因素及对策研究》，硕士学位论文，浙江师范大学，2006。

白萌、杜海峰、惠亚婷：《代次视角下农民工组织参与对政治参与意愿的影响研究——基于西安市 1215 名农民工的调查》，《统计与信息论坛》2013 年第 9 期。

白萌、杜海峰、惠亚婷：《新生代农民工政治表达意愿性别差异的研究》，《西安交通大学学报》（社会科学版）2012 年第 3 期。

白萌：《农民工的结构融合研究：现状、影响因素与后果》，博士学位论文，西安交通大学，2013。

包蕾萍：《生命历程理论的时间观探析》，《社会学研究》2005 年第 4 期。

蔡华杰：《对农民工政治参与意识的透析》，《社科纵横》2006 年第 4 期。

陈树强：《增权：社会工作理论与实践的新视角》，《社会学研究》2003 年第 5 期。

陈向明：《质的研究方法与社会科学研究》，教育科学出版社，2000。

陈旭峰、田志锋、钱民辉：《"半城市化"的政治边缘人——农民工的社会融入状况对政治参与意愿的影响分析》，《浙江社会科学》2010 年第 8 期。

陈旭峰、田志锋、钱民辉：《徘徊在融入与隔离之间——农民工在流入地政治参与差异的影响因素研究》，《北京科技大学学报》（社会科学版）2010 年第 4 期。

陈尧：《社会转型期政治信任结构的变化》，《中国浦东干部学院学报》2009 年第 4 期。

褚荣伟、肖志国、张晓冬：《农民工城市融合概念及对城市感知关系的影响——基于上海农民工的调查研究》,《公共管理学报》2012 年第 1 期。

邓曲恒:《城镇居民与流动人口的收入差异——基于 Oaxaca-Blinder 和 Quantile 方法的分解》,《中国人口科学》2007 年第 2 期。

邓秀华:《长沙、广州两市农民工政治参与问卷调查分析》,《政治学研究》2009 年第 2 期。

段成荣、杨舸:《我国农村留守儿童状况研究》,《人口研究》2008 年第 3 期。

费孝通:《乡土中国》,三联书店,1985。

福山:《信任:社会美德与创造经济繁荣》,彭志华译,海南出版社,2001。

古学斌:《行动研究与社会工作的介入》,《中国社会工作研究》2013 年第 00 期。

郭良春、姚远、杨变云:《流动儿童的城市适应性研究——对北京市一所打工子弟学校的个案调查》,《青年研究》2005 年第 3 期。

郭星华、储卉娟:《从乡村到都市:融入与隔离——关于民工与城市居民社会距离的实证研究》,《江海学刊》2004 年第 3 期。

国家人口与计划生育委员会流动人口服务管理司:《中国流动人口发展报告 2011》,中国人口出版社,2011。

国家人口与计划生育委员会流动人口服务管理司:《中国流动人口发展报告 2013》,中国人口出版社,2013。

国家人口与计划生育委员会流动人口服务管理司:《中国流动人口发展报告 2012》,中国人口出版社,2012。

国家人口与计划生育委员会流动人口服务管理司:《中国流动人口发展报告 2014》,中国人口出版社,2014。

国务院:《全民所有制企业招用农民合同制工人的规定》,国务院令第 87 号发布,1991。

韩嘉玲:《北京市流动儿童义务教育状况调查报告》,《青年研究》2001 年第 8 期。

贺汉魂、皮修平:《农民工概念的辩证思考》,《求实》2006 年第 5 期。

胡荣、胡康、温莹莹:《社会资本、政府绩效与城市居民对政府的信任》,《社会学研究》2011 年第 1 期。

胡荣:《农民上访与政治信任的流失》,《社会学研究》2007 年第 3 期。

惠雅婷：《农民工政治参与意愿现状及影响因素研究》，博士学位论文，西安交通大学，2013。

加布里埃尔·A. 阿尔蒙德、西德尼·维巴：《公民文化：五个国家的政治态度和民主制度》，张明澍译，商务印书馆，2014。

蒋建林、王琨：《城市化进程中外来民工居住问题研究》，《宁波大学学报》（理工版）2008 年第 3 期。

李春玲：《城乡移民与社会流动》，《江苏社会科学》2007 年第 2 期。

李培林、李炜：《农民工在中国转型中的经济地位和社会态度》，《社会学研究》2007 年第 3 期。

李培林、田丰：《中国新生代农民工：社会态度和行为选择》，《社会》2011 年第 3 期。

李培林：《流动民工的社会网络和社会地位》，《社会学研究》1996 年第 4 期。

李伟民、梁玉成：《特殊信任与普遍信任：中国人信任的结构与特征》，《社会学研究》2002 年第 3 期。

李艳霞：《何种信任与为何信任？——当代中国公众政治信任现状与来源的实证分析》，《公共管理学报》2014 年第 2 期。

林南：《社会资本——关于社会结构与行动的理论》，世纪出版集团、上海人民出版社，2005。

林淑珍：《公民政治参与的困境与出路——以农民工为例》，《福建教育学院学报》2008 年第 1 期。

刘传江：《推进农民工有序市民化的微观考量》，《世纪行》2013 年第 7 期。

刘建娥：《从农村参与走向城市参与：农民工政治融入实证研究——基于昆明市 2084 份样本的问卷调查》，《人口与发展》2014 年第 1 期。

刘建娥：《青年农民工政治融入的影响因素及对策分析——基于 2084 份样本的问卷调查数据》，《青年研究》2014 年第 3 期。

刘军：《论流动人口的政治参与》，《云南行政学院学报》2004 年第 2 期。

刘俊彦：《青年人口流动态势分析》，《中国青年研究》2007 年第 5 期。

刘米娜、杜俊荣：《转型期中国城市居民政府信任研究——基于社会资本视角的实证分析》，《公共管理学报》2013 年第 2 期。

刘茜、杜海峰、靳小怡、崔烨:《留下还是离开 政治社会资本对农民工留城意愿的影响研究》,《社会》2013 年第 4 期。

刘婷:《广州市外来农民工社会融合现状调查研究》,《安徽农业科学》2012 年第 5 期。

刘玉兰:《生命历程视角下童年期迁移经历与成年早期生活机会研究》,《人口研究》2013 年第 2 期。

卢国显:《农民工:社会距离与制度分析》,社会科学文献出版社,2010。

卢曼:《信任》,瞿铁鹏、李强译,上海人民出版社,2005。

罗伯特·帕特南:《使民主运转起来》,王列、赖海榕译,江西人民出版社,2001。

马得勇、王正绪:《社会资本、民主发展与政府治理——对 69 个国家的比较研究》,《开放时代》2009 年第 5 期。

马得勇:《政治信任及其起源——对亚洲 8 个国家和地区的比较研究》,《经济社会体制比较》2007 年第 5 期。

迈克尔·R. 所罗门:《消费者行为学》,卢泰宏、杨晓燕译,中国人民大学出版社,2011。

孟天广:《转型期的中国政治信任:实证测量与全貌概览》,《华中师范大学学报》(人文社会科学版)2014 年第 2 期。

孟天广:《转型期中国公众的分配公平感:结果公平与机会公平》,《社会》2012 年第 6 期。

倪承海:《社会转型时期中国农民的非制度化政治参与》,《广西社会科学》2001 年第 6 期。

聂月岩、宋菊芳:《农民工政治参与存在的问题及解决途径》,《城市问题》2010 年第 6 期。

帕克:《城市社会学》,宋俊岭等译,华夏出版社,1987。

蒲岛郁夫:《政治参与》,解莉莉译,经济日报出版社,1989。

任远、陶力:《本地化的社会资本与促进流动人口的社会融合》,《人口研究》2012 年第 5 期。

塞缪尔·P. 亨廷顿、琼·纳尔逊:《难以抉择——发展中国家的政治参与》,汪晓寿、吴志华、项继权译,华夏出版社,1989。

孙可敬、傅琼:《社会资本视阈下我国新生代农民工政治参与的路径初探》,《黄河科技大学学报》2011 年第 5 期。

孙克:《中国传统臣民文化之价值结构析论》,《大连理工大学学报》(社会科学版) 2010 年第 2 期。

孙秀林:《城市移民的政治参与:一个社会网络的分析视角》,《社会》2010 年第 1 期。

唐灿、冯小双:《"河南村"流动农民的分化》,《社会学研究》2000 年第 7 期。

童怀宇:《论公民和公民意识》,《唯实》2000 年第 3 期。

万斌、章秀英:《社会地位、政治心理对公民政治参与的影响及其路径》,《社会科学战线》2010 年第 2 期。

汪汇、陈钊、陆铭:《户籍、社会分割与信任:来自上海的经验研究》,《世界经济》2009 年第 10 期。

王超恩、符平:《农民工的职业流动及其影响因素——基于职业分层与代际差异视角的考察》,《人口与经济》2013 年第 5 期。

王春光:《农民工:一个正在崛起的新工人阶层》,《学习与探索》2005 年第 1 期。

王春光:《我国城市就业制度对进城农村流动人口生产和发展的影响》,《浙江大学学报》(人文社会科学版) 2006 年第 5 期。

王飞、李朝秀:《农民工政治参与的困局与对策》,《人民论坛》2012 年第 8 期。

王桂新、罗恩立:《上海市外来农民工社会融合现状调查研究》,《华东理工大学学报》(社会科学版) 2007 年第 3 期。

王俊秀、杨宜:《中国社会心态研究报告 (2012—2013)》,社会科学文献出版社,2013。

王立梅、胡刚:《农民工政治参与边缘化的原因探析》,《西北农林科技大学学报》(社会科学版) 2006 年第 4 期。

王美艳:《城市劳动力市场上的就业机会与工资差异——外来劳动力就业与报酬研究》,《中国社会科学》2005 年第 5 期。

王浦劬:《政治学基础》,北京大学出版社,2008。

王亚新:《和谐社会视野中农民工政治意识的现状研究》,《社科纵横》(新理论版) 2009 年第 2 期。

王毅杰、童星:《流动农民社会支持网探析》,《社会学研究》2004 年第 2 期。

王毅杰、乔文俊:《中国城市居民政府信任及其影响因素》,《南京社会科学》2014 年第 8 期。

韦伯:《儒教与道教》,王容芬译,商务印书馆,1995。

韦林珍、钟海:《农民工政治变化的嬗变与和谐社会构建》,《西安交通大学学报》(社会科学版)2007 年第 3 期。

韦伟、傅勇:《城乡收入差距与人口流动模型》,《中国人民大学学报》2004 年第 6 期。

伍俊斌:《中国传统政治文化现代化的范式转换》,《中南大学学报》(社会科学版)2012 年第 2 期。

西安交通大学人口与发展研究所:《西安市外来农村人口调查报告》,西安交通大学(内部报告),2008。

肖唐镖、王欣:《"民心"何以得或失——影响农民政治信任的因素分析:五省(市)60 村调查(1999—2008)》,《中国农村观察》2011 年第 6 期。

谢桂华:《农民工与城市劳动力市场》,《社会学研究》2007 年第 5 期。

熊光清:《当代中国政治文化变迁与政治发展》,《太平洋学报》2011 年第 12 期。

熊景维、钟涨宝:《农民工市民化的结构性要件与路径选择》,《城市问题》2014 年第 10 期。

熊美娟:《政治信任测量的比较与分析——以澳门为研究对象》,《公共管理学报》2014 年第 1 期。

熊美娟:《政治信任研究的理论综述》,《公共行政评论》2010 年第 6 期。

徐琴:《论住房政策与社会融合——国外的经验与启示》,《江淮论坛》2008 年第 5 期。

徐增阳:《"民工潮"的政治社会学分析》,《政治学研究》2004 年第 1 期。

杨恒生:《农民工政治参与制约因素分析》,《农业考古》2010 年第 3 期。

杨敏聪:《新生代农民工的"六个融合与市民化发展"》,《浙江社会科学》2014 年第 2 期。

姚先国、赖普清：《中国劳资关系的城乡户籍差异》，《经济研究》2004年第7期。

叶裕民、黄壬侠：《中国流动人口特征与城市化政策研究》，《中国人民大学学报》2004年第2期。

英格尔斯：《从传统人到现代人：六个发展中国家中的个人变化》，顾昕等译，中国人民大学出版社，1992。

尤斯拉纳：《信任的道德基础》，张敦敏译，中国社会科学出版社，2006。

原新、韩靓：《多重分割视角下外来人口就业与收入歧视分析》，《人口研究》2009年第1期。

悦中山：《农民工的社会融合研究：现状、影响因素与后果》，博士学位论文，西安交通大学，2011。

张斐：《新生代农民工市民化现状及影响因素分析》，《人口研究》2011年第6期。

张芮菱：《从"权利赋予"到"权利自觉"的模式转变——新生代农民工的政治融入问题研究》，《中共四川省委党校学报》2012年第4期。

张时飞：《上海癌症自助组织研究：组员参与、社会支持和社会学习的增权效果》，香港中文大学，2001。

郑思齐、曹洋：《农民工的住房问题：从经济增长与社会融合角度的研究》，《广东社会科学》2009年第5期。

钟水映：《人口流动与社会经济发展》，武汉大学出版社，2000。

周大鸣：《外来工与"二元社区"——珠江三角洲的考察》，《中山大学学报》（社会科学版）2000年第2期。

周海：《进城务工人员政治参与问题研究》，中国地质大学，2006。

周晓虹：《传统与变迁：江浙农民工的社会心理及其近代以来的嬗变》，三联书店，1998。

朱彬彬、朱文文：《农民工制度化政治参与的边缘化及消解》，《中共石家庄市委党校学报》2006年第10期。

朱力：《农民工阶层的特征与社会地位》，《南京大学学报》（哲学人文科学社会科学）2003年第6期。

朱煜、刘强、刘琴：《当代农民工政治关心度与参与度调查分析》，《求实》2012年第1期。

Abrajano,M. A. ,Alvarez,R. M. ,2010,"Assessing the causes and effects of political trust among US Latinos",*American Politics Research*,38(1):110 – 141.

Ake,C. ,1967,"Political integration and political stability:a hypothesis", *World Politics*,19(03):486 – 499.

André,S. ,2014,"Does trust mean the same for migrants and natives? testing measurement models of political trust with multi-group confirmatory factor analysis",*Social Indicators Research*,115(3):963 – 982.

Arvizu,J. R. ,Garcia,F. C. ,1996,"Latino voting participation:Explaining and differentiating Latino voting turnout",*Hispanic Journal of Behavioral Sciences*,18(2):104 – 128.

Bedolla,L. G. ,2005,*Fluid borders:Latino power,identity,and politics in Los Angeles*,Univ of California Press.

Beeghley,L. ,1983 ,*Living poorly in America*,Praeger Publishers.

Beeghley,L. ,1986,"Social class and political participation:A review and an explanation//Sociological Forum",*Kluwer Academic Publishers*,1(3):496 – 513.

Bennett,L. L. M. ,Bennett,S. E. ,1989,"Enduring gender differences in political interest the impact of socialization and political dispositions",*American Politics Research*,17(1):105 – 122.

Berger,M. ,Galonska,C. ,Koopmans,R. ,2004,"Political integration by a detour? Ethnic communities and social capital of migrants in Berlin",*Journal of Ethnic and Migration Studies*,30(3):491 – 507.

Bies,R. J. and Momg,J. S. ,1986,"Interactional justice:communication criteria of fairness//Lewicki,R. J. ,Sheppard,B. H. ,Bazerman, M. H. ,Research on Negotiation in Organizations",*Greenwich*,CT:JAI Press.

Black,J. H. ,1987,"The practice of politics in two settings:Political transferability among recent immigrants to Canada",*Canadian Journal of Political Science*,20(04):731 – 753.

Black,J. H. ,Niemi,R. G. ,Powell,G. B. ,1987,"Age,resistance,and political learning in a new environment:The case of Canadian immigrants",*Comparative Politics*:73 – 84.

Black,J. H. ,1982,"Immigrant political adaptation in Canada:Some tentative findings", *Canadian Journal of Political Science*, 15 (01) :3 – 28.

Blumenthal, S. D. , 1971, "The private organizations in the naturalization and citizenship process", *International Migration Review*, 5 (4) :448 – 462.

Bourdieu, P. , 1981, *Language and symbolic power* (G. Raymond & M. Adamson, Trans.), Cambridge : Polity Press.

Brehm, J. , Rahn, W. , 1997, "Individual-level evidence for the causes and consequences of social capital", *American Journal of Political Science* :999 – 1023.

Bueker, C. S. , 2005, "Political incorporation among immigrants from ten areas of origin : The persistence of source country effects", *International Migration Review*, 39 (1) :103 – 140.

Cain, B. E. , Kiewiet, D. R. , Uhlaner, C. J. , 1991, "The acquisition of partisanship by Latinos and Asian Americans", *American Journal of Political Science* :390 – 422.

Cho, W. K. T. , Gimpel, J. G. , Dyck, J. J. , 2006, "Residential concentration, political socialization, and voter turnout", *Journal of Politics*, 68 (1) :156 – 167.

Cho, W. K. T. , Rudolph, T. J. , 2008, "Emanating political participation : untangling the spatial structure behind participation", *British Journal of Political Science*, 38 (02) :273 – 289.

Cho, W. K. T. , 1999, "Naturalization, socialization, participation : immigrants and (non-) voting", *The Journal of Politics*, 61 (4) :1140 – 1155.

Citrin, J. , Green, D. P. , 1986, "Presidential leadership and the resurgence of trust in government", *British Journal of Political Science*, 16 (04) :431 – 453.

Citrin, J. , 1974, "Comment : the political relevance of trust in government", *American Political Science Review*, 68 (03) :973 – 988.

Coleman, J. S. , 1990, *Foundations of social theory*, Cambridge, MA : Harvard University Press.

Curran, S. R. , Saguy, A. C. , 2013, "Migration and cultural change : a role for gender and social networks?" *Journal of International Women´s Studies*, 2 (3) :54 – 77.

Cutler, D. M. , Glaeser, E. L. , 1995, "Are ghettos good or bad?", *National Bureau of Economic Research*.

David, B. G. , 2001, *Social stratification : class, race, and gender in sociolog-*

ical perspective. Colorado: Westview Press.

Devine, D. J. , 1972, *The political culture of the United States*. Little, Brown.

Doerschler, P. , 2006, "Push - pull factors and immigrant political integration in Germany", *Social Science Quarterly*, 87(5):1100 - 1116.

Easton, D. , Dennis, J. , 1967, "The child's acquisition of regime norms: Political efficacy", *American Political Science Review*, 61(01):25 - 38.

Feldman, S. , 1983, "The measure and meaning of trust in government", *Political Methodology*, 9(3):341 - 354.

Fennema, M. , Tillie, J. , 1999, "Political participation and political trust in Amsterdam: civic communities and ethnic networks", *Journal of Ethnic and Migration Studies*, 25(4):703 - 726.

Festinger, L. , 1957, *A theory of cognitive dissonance*, Stanford University Press.

Fetzer, J. , 2000, *Public attitudes toward immigration in the United States, France, and Germany*, Cambridge: Cambridge University Press.

Finifter, A. W. , Finifter, B. M. , 1989, "Party identification and political adaptation of American migrants in Australia", *The Journal of Politics*, 51(03):599 - 630.

Garcia. J. , 1981, "Political integration of Mexican immigrants: explorations into the naturalization process", *International Migration Review*, 15(4):608 - 625.

Garcia, J. A. , 1987, "The political integration of Mexican immigrants: examining some political orientations", *International Migration Review*, 21(02):372 - 389.

Garment, S. , 1991, *Scandal: The crises of mistrust in American politics*, NY: Random House Press.

Glaser, J. M. , Gilens, M. , 1997, "Interregional migration and political resocialization: a study of racial Attitudes under pressure", *The Public Opinion Quarterly*, 61(1):72 - 86.

Glazer, N. , 1997, *We are all multiculturalists now*, Cambridge: Harvard University Press.

Goldrich, D. , Pratt, R. B. , Schuller, C. R. , 1967, "The political integration of lower-class urban settlements in Chile and Peru", *Studies in Comparative International Development*(*SCID*),3(1):3 – 22.

Gordon,M. M. ,1964,*Assimilation in American life:the role of race,religion,and national origins*,New York:Oxford University Press.

Grebler,L. ,1966,"The naturalization of Mexican immigrants in the United States",*International Migration Review*,1(1):17 – 31.

Gutiérrez,L. M. ,DeLois,K. A. ,GlenMaye,L. ,1995,"Understanding empowerment practice:Building on practitioner-based knowledge",*Families in Society*,76(9):534.

Gutiérrez,L. M. ,Lewis,E. A. ,1999,*Empowering women of color*,Columbia University Press.

Heisler,B. ,1992,"The future of immigrant incorporation:Which models? Which concepts?",*International Migration Review*,26(2):623 – 645.

Hertting,N. ,2009,"Neighborhood network governance,ethnic organization,and the prospects for political integration",*Journal of Housing and the Built Environment*,24(2):127 – 145.

Hess,R. D. ,Torney-Purta,J. V. ,2005,T*he development of political attitudes in children*,Transaction Publishers.

Hetherington,M. J. ,1998,"The political relevance of political trust",*American Political Science Review*,92(04):791 – 808.

Hibbing,J. R. ,Theiss-Morse,E. ,2001,*What is it about government that Americans dislike?*,Cambridge University Press.

Hirayama,H. ,Cetingok,M. ,1988,"Empowerment:A social work approach for Asian immigrants",*The Journal of Contemporary Social Work*,69(1):41 – 47.

Hirsch,H. ,Gutierrez,A. ,1973,"The militant challenge to the American ethos:Chicanos and Mexican-Americans", *Social Science Quarterly*,53:830 – 845.

Hochschild,J. L. ,1981,*What's fair:American beliefs about distributive justice*,Cambridge:Harvard University Press.

Hughes,B. B. ,Schwarz,J. E. ,1972,"Dimensions of political integration and the experience of the European Community", *International Staudies Quarterly*,16(3):263 – 294.

Hwang,K. ,1987,"Face and favor:The Chinese power game", *American*

Journal of Sociology:944 – 974.

Jacobs,D. ,Tillie,J. ,2004,"Introduction:social capital and political integration of migrants", *Journal of Ethnic and Migration Studies*,30(3):419 – 427.

Jasso,G. ,Rosenzweig,M. R. ,1990,*The new chosen people*:*Immigrants in the United States*,Russell Sage Foundation.

Jennings,M. K. ,1983,"Gender roles and inequalities in political participation:Results from an eight-nation study",*The Western Political Quarterly*:364 – 385.

Jones-Correa,M. ,1998,"Different paths:Gender,immigration and political participation", *International Migration Review*:326 – 349.

Joppke,C. ,2005,"Exclusion in the liberal state:the case of immigration and citizenship policy", *European Journal of Social Theory*,8(1):43.

Kallen, H. M. ,1956,*Cultural pluralism and the American Idea*,Philadelphia:University of Pennsylvania Press.

Kim,J. Y. ,2005,"'Bowling Together' isn't a cure-all:the relationship between social capital and political trust in South Korea", *International Political Science Review*,26(2):193 – 213.

Knack,S. ,2002,"Social capital and the quality of government:Evidence from the states", *American Journal of Political Science*:772 – 785.

Kohler,H. P. ,Behrman,J. R. ,Watkins,S. C. ,2001,"The density of social networks and fertility decisions:Evidence from South Nyanza District,Kenya", *Demography*,38(1):43 – 58.

Koopmans,R. ,1999,"Germany and its immigrants:An ambivalent relationship",*Journal of Ethnic and Migration Studies*,25(4):627 – 647.

Lamare,J. W. ,1982,"The political integration of Mexican American children:A generational analysis",*International Migration Review*,16(1):169 – 188.

Lane,R. E. ,1969,*Political life*,Glencoe:Free Press.

Lee,A. R. ,Glasure,Y. U. ,2002,"Political cynicism in South Korea:economics or values?", *Asian Affairs*:*An American Review*,29(1):43 – 58.

Litt,E. ,1970,*Ethnic politics in America*:*beyond pluralism*,Scott,Foresman and Company.

Lyons,W. E. and Engstrom,R. L. ,1971,"Life-style and fringe attitudes toward the political integration of urban governments", *Midwest Journal of Political Science*, 15(3): 475 – 494.

Massey, D. S. , Denton, N. A. , 1992, "Racial identity and the spatial assimilation of Mexicans in the United States", *Social Science Research*, 21(3): 235 – 260.

Maxwell, R. , 2010, "Evaluating migrant integration: political attitudes across generations in Europe", *International Migration Review*, 44(1): 25 – 52.

Maxwell, R. , 2010, "Trust in government among British Muslims: The importance of migration status", *Political Behavior*, 32(1): 89 – 109.

May, R. , 1973, *Power and innocence*, Psychology Today.

Mcallister, I. , Makkai, T. , 1992, "Resource and social learning theories of political participation: ethnic patterns in Australia", *Canadian Journal of Political Science*, 25(2): 269 – 293.

McLeod, J . M. , Daily, K. , Guo, Z. , et al. , 1996, "Community integration, local media use, and democratic processes", *Communication Research*, 23(2): 179 – 209.

McLeod, J. M. , Scheufele, D. A. , Moy, P. , 1999, "Community, communication, and participation: The role of mass media and interpersonal discussion in local political participation", *Political Communication*, 16(3): 315 – 336.

Merelman, R. M. , 1969, "The development of political ideology: A framework for the analysis of political socialization", *American Political Science Review*, 63(03): 750 – 767.

Michelson, M. R. , 2001, "Political trust among Chicago Latinos", *Journal of Urban Affairs*, 23(3 – 4): 323 – 334.

Miller, A. H. , 1974, "Political Issues and Trust in Government, 1964 – 1970", *American Political Science Review*, 68(3): 951 – 972.

Miller, W. E. , Miller, A. H. , Schneider, E. J. , 1980, *American national election studies data sourcebook*, 1952 – 1978, Cambridge, MA: Harvard University Press: 125 – 238.

Mishler, W. , Rose, R. , 1997, "Trust, distrust and skepticism: Popular evaluations of civil and political institutions in post-communist societies", *The Journal of Politics*, 59(02): 418 – 451.

Munro, J. , 1979, *Multiculturalism—the policy// McLeod KA (ed.) , Multiculturalism, bilingualism and Canadian institutions.* Toronto: Faculty of Education, University of Toronto.

Norris, P. , 1999, *Critical citizens: global support for democratic government*, London: Oxford University Press.

Norris, P. , 2002, *Democratic phoenix: reinventing political activism*, New York: Cambridge University Press.

Nye, J. S. , JR. , 1997, *Introduction: the decline of confidence in government// Joseph S. Nye Jr. , Zelikow PD and King DC, Why people don't trust government.* Cambridge, MA: Harvard University Press.

Orren, G. , 1997, " Fall from grace: The public's loss of faith in government" , *Why people don't trust government*: 77 – 107.

Park, R. E. , Burgess, E. W. , 1921, *Introduction to the science of sociology*, Chicago: The University of Chicago Press.

Park, R. E. , 1950, *Race and culture*, Glencoe, IL: Free Press.

Pasek, J. , Kenski, K. , Romer, D. , et al. , 2006, "America's youth and community engagement how use of mass media is related to civic activity and political awareness in 14-to 22-year-olds" , *Communication Research*, 33(3): 115 – 135.

Paskeviciute, A. , Anderson, C. , 2008, " Friendly territory: opinion climate, discontent, and immigrant political action in Europe" , *Boston MA*, August 28 – 31.

Payne, M. , 2014, *Modern social work theory*, Palgrave Macmillan.

Pinderhughes, E. B. , 1983, " Empowerment for our clients and for ourselves" , *Social Casework*, 64(6): 331 – 338.

Portes, A. , Rumbaut, R. , 1996, *Immigrant America: a portrait(2nd ed.)*, Berkeley, CA: University of California Press.

Portes, A. , Zhou, M. , 1993, " The new second generation: Segemented Assimilation and Its Variants" , *Annals of the American Academy of Political and Social Science*: 74 – 96.

Portes, A. , 1995, " The economic sociology of immigration" , *New York: Russell Sage Foundation*, 29: 11 – 12.

Putnam, R. , 2001, " Social capital: Measurement and consequences" , *Canadian Journal of Policy Research*, 2(1): 41 – 51.

Putnam, R. D. , 1995 , "Bowling alone : America's declining social capital", *Journal of Democracy* , 6 (1) : 65 – 78.

Ramakrishnan, S. K. , Espenshade, T. J. , 2001 , "Immigrant incorporation and political participation in the United States", *International Migration Review* : 870 – 909.

Rawls, J. , 1971 , *A theory of justice* , London, Oxford : Oxford University Press.

Rosenstone, S. , 1993 , *Hansen JM. Mobilization , participation and democracy in America* , New York : Macmillan.

Seo, M. , 2011 , "Beyond coethnic boundaries : coethnic residential context, communication, and Asian Americans' political participation", *International Journal of Public Opinion Research* , 23 (3) : 338 – 359.

Shi, T. J. , 2001 , "Cultural values and political trust : a comparison of the people's republic of China and Taiwan", *Comparative Politics* , 33 (4) : 401 – 419.

Smith, J. P. , Edmonston, B. , 1997 , *The new Americans : economic, demographic, and fiscal effects of immigration* , National Academies Press.

Strauss, A. L. , Corbin, J. M. , 1990 , *Basics of qualitative research* , Newbury Park, CA : Sage.

Strömblad, P. , Bengtsson, B. , 2009 , "Empowering members of ethnic organisations : Tracing the political integration potential of immigrant associations in Stockholm", *Scandinavian Political Studies* , 32 (3) : 296 – 314.

Verba, S. and Orren, G. R. , 1985 , *Equality in America* , Cambridge : Harvard University Press.

Wang, Y. , Rees, N. , Andreosso-O'callaghan, B. , 2004 , "Economic change and political development in China : findings from a public opinion survey", *Journal of Contemporary China* , 13 (39) : 203 – 222.

Warner, W. L. , Srole, L. , 1945 , *The social systems of American ethnic group* , New Haven, CT : Yale University Press.

Welch, S. , 1975 , "Dimensions of political participation in a Canadian sample", *Canadian Journal of Political Science* , 8 (04) : 553 – 559.

White, S. , Nevitte, N. , Blais, A. , et al. , 2008 , "The political resocialization of immigrants resistance or lifelong learning?", *Political Research Quarterly* , 61

(2):268 – 281.

Wong, J. S. ,2000, "The effects of age and political exposure on the development of party identification among Asian American and Latino immigrants in the United States", *Political Behavior*, 22(4):341 – 371.

Zaller, J. ,1992, *The nature and origins of mass opinion*, Cambridge University Press.

Zhou, M. ,1999, *Segmented assimilation: Issues, controversies and recent research on the new second generation// Hirschman, C, Kasinitz, P, De Wind, J (Eds.), The handbook of international migration: The American experience*. New York: Russell Sage Foundation.

Zipp, J. F. ,Landerman, R. ,Luebke, P. ,1982, "Political parties and political participation: A reexamination of the standard socioeconomic model", *Social Forces*, 60(4):1140 – 1153.

附录 农村流动人口发展状况调查问卷

问卷编码：□□□□□□□

调查时间□□月□□日　　　　如果调查未完成，原因是：_____

调查地点：_____县（区）_____街道_____社区_____门牌号

调查员姓名_____（签名）　　审核员姓名_____（签名）

问卷是否合格（在方格内打"√"）：合格□　　不合格□（原因）_____

亲爱的朋友：您好！西安交通大学公共政策与管理学院农村流动人口问题研究课题组正在做一项有关农村流动人口发展情况的社会调查，需要了解一下您的个人、家庭相关信息，供研究使用。本次调查收集到的信息将严格保密，谢谢您的支持和合作！

西安交通大学公共政策与管理学院流动人口课题组

国家统计局陕西省调查总队

2012 年 4 月

第一部分　基本情况

101. 您的性别：　1. 男　　　2. 女　　　　　　　　　　　　　　□

102. 您是什么时候出生的（*阳历*）?　　　　　　　　□□□□年□□月

103. 您的户籍所在地：_____省（直辖市、自治区）_____（市）_____县（区）

104. 您的民族是：　1. 汉族　　2. 少数民族（*请注明*）_____　□

105. 您的受教育程度：　　　　　　　　　　　　　　　　　　　　　□

　　1. 不识字　　2. 小学　　　3. 初中　　　4. 高中（或中专、技校）

　　5. 大专　　　6. 本科及以上

106. 您的政治面貌是：　1. 中共党员　　　2. 团员　　　3. 群众　　□

107. 您目前的婚姻状况是（*说明："初婚"指只结过一次婚，且目前尚存在婚姻关系*）　　　　　　　　　　　　　　　　　　　　　　　　　□

　　1. 从未结过婚　　2. 初婚　　　3. 再婚　　　4. 丧偶　　　5. 离婚

108. 您认为您健康状况如何？　　　　　　　　　　　　　　　　　□

　　1. 非常好　　2. 较好　　　3. 一般　　4. 较差　　5. 非常差

109. 您的父（母）在您 18 岁之前是否离开家乡外出打过工？ □

    1. 是   2. 否（*跳问110题*）

109.1 在此期间，您主要在哪里生活？ □

    1. 父母均外出打工，自己留在家乡（*跳问110题*）

    2. 父母一方出去打工，与一方留在家乡（*跳问110题*）

    3. 随父母（或一方）外出

109.2 您是否曾在以下阶段随父母离开家乡或变换过长期居住地（跨县）？（可多

    选） □□□□

    1. 上小学之前   2. 上小学期间   3. 小学毕业后至上初中期间

    4. 初中毕业后至上高中期间

110. 您目前在 X 市的住房是： □

    1. 自己买的房子   2. 租的房子   3. 借住在亲戚朋友家

    4. 所在单位或雇主提供   5. 自己搭的房子、简易棚

    6. 其他（*请注明*）_____

111. 您在 X 市的居住环境： □

    1. 城市普通住宅小区   2. 相对独立的外来人居住区（如单位宿舍等）

    3. 城中村   4. 其他（*请注明*）_____

111.1 与您在同一环境居住的人中： □

    1. 主要是本地市民   2. 主要是外来人口

    3. 二者差不多   4. 只有外来人口

112. 您以后准备在哪里长期发展或者定居？ □

    1. 赚钱回家，继续务农   2. 学门手艺或技术，回去找个好工作

    3. 回家干个体   4. 回去办企业，当老板

    5. 在 X 市安家立业   6. 到其他城市安家立业

    7. 不打算回去，在这里干什么都行   8. 没考虑过，还没想法

    9. 其他（*请注明*）_____

113. 目前您在家乡还有没有土地？ □

    1. 有   2. 无，土地已经转给他人或者已被征用（*跳问116题*）

    3. 无，一直没有（*跳问116题*）

114. 目前您在家乡的土地使用状况如何？（多选） □□□□

    1. 自己种   2. 租给他人，收取租金

    3. 租给他人，不收取租金   4. 荒废

115. 与您所在家乡的其他人的土地相比，您觉得自己家里的土地质量如何？ □

    1. 全部是好地   2. 有一半以上的是好地   3. 有一半的好地

    4. 有少量的好地   5. 没有好地

116. 在您看来您的家庭经济状况怎么样？ ☐

    1. 比较好   2. 差不多   3. 比较差

116.1 与城市市民相比，目前您的家庭经济状况如何？	☐
116.2 与城市其他外来打工者相比，目前您的家庭经济状况如何？	☐
116.3 与村里其他人相比，目前您的家庭经济状况如何？	☐

117. 您的父母健在吗？ ☐

    1. 都去世了   2. 都健在   3. 仅父亲健在   4. 仅母亲健在

118. 您父亲的教育程度： ☐

    1. 不识字或很少识字   2. 小学   3. 初中   4. 高中及以上

119. 您父亲有无外出打工经历：   1. 有   2. 无 ☐

120. 您父亲的政治面貌：   1. 中共党员   2. 曾为共青团员   3. 群众 ☐

121. 您的亲属中有无人担任国家机关干部？   1. 有   2. 无 ☐

第二部分 态度/意识/认同与行为评价

201. 您是否同意以下表述？

    1. 非常不同意   2. 不同意   3. 中立/无所谓   4. 同意

    5. 非常同意

201.1 像我这样的人，无权评价政府	☐
201.2 政府官员不太在乎我这样的人有何想法	☐
201.3 将户口划分为农业户口和非农户口对我而言很不公平	☐
201.4 在同一个城市工作和居住的人就应该享有同样的权利、承担同样的义务	☐
201.5 凡是政府的政策和规定我都必须服从	☐
201.6 政府官员所做的事情一般都是对的	☐
201.7 政府的领导就像一家之长，我们应该服从他们的决定	☐
201.8 服从政府总是不会错的	☐

202. 总的来说，您对目前 X 市政府的各项工作满意吗？ ☐

    1. 非常不满意   2. 不满意   3. 一般   4. 满意   5. 非常满意

203. 总的来说，您对目前 X 市政府提供的公共服务满意吗？ ☐

    1. 非常不满意   2. 不满意   3. 一般   4. 满意   5. 非常满意

204. 如果 X 市政府发布诸如官员腐败情况、某次矿难的死亡人数等信息，您觉得可信吗？ □

    1. 十分不可信　　2. 不太可信　　3. 一般　　4. 比较可信　5. 十分可信

205. X 市政府开展了很多工作，人口相关工作如解决工资拖欠、允许流动人口子女在 X 接受义务教育、为流动人口提供司法援助和免费计生服务等。对此您的看法是：**如果一定要您选择的话**

    1. 没有　　　　2. 有小部分　　3. 一半　　4. 绝大多数　5. 全是

205.1 您认为 X 市政府做的事情有多少是对的？	□
205.2 您认为 X 市政府处理流动人口问题有多少是公平的？	□
205.3 您认为 X 市政府能够多大程度上保护流动人口的利益？	□

206. X 市政府领导在电视或报纸上发言时，您觉得他们说的 □

    1. 都不是真的　　　2. 有很少的是真的　　3. 有一半是真的

    4. 绝大多数是真的　　5. 都是真的

207. 您觉得 X 市大多数政府工作人员在工作中是否诚实可靠？ □

    1. 都不是　　　　2. 很少的人是　　　3. 一半的人是

    4. 绝大多数的人是　5. 都是

208. 您觉得 X 市大多数政府工作人员是否能够胜任他们的工作？ □

    1. 都不能　　　　2. 很少的人能　　　3. 一半的人能

    4. 绝大多数的人能　5. 都能

209. 您觉得 X 市政府工作人员在执行公务的时候，能够平等地对待市民和流动人口吗？ □

    1. 完全不能　　　2. 不太能　　　　3. 一般

    4. 比较能　　　　5. 完全能

210. 您是否同意以下表述？

    1. 非常不同意　　2. 比较不同意　　　3. 中立/无所谓

    4. 比较同意　　　5. 非常同意

210.1 遵守家乡的风俗（比如婚、丧、嫁、娶的风俗）对我来说比较重要	□
210.2 我觉得自己是 X 市的一员	□
210.3 与农村相比，我更喜欢生活在城市	□
210.4 我对自己现在的生活很满意	□
210.5 我觉得在 X 市居住的地方就是我的家，而不仅仅是一个住的地方	□
210.6 在 X 市，我与周围邻居之间都能相互信任	□

续表

210.7 在 X 市，当我或我家发生重大事情时，我相信周围邻居会来帮助我	☐
210.8 在 X 市，只要有关系，什么事情都好办	☐
210.9 在 X 市，私人关系比正式合同重要得多	☐
210.10 在 X 市，我只愿意帮助那些我认识的人	☐

211. 在 X 市，您认为大多数人是可以信任的，还是和人越小心相处越好？　☐

　　　1. 要越小心越好　　　　　2. 不好说　　　　　　3. 大多数人都是可以信任的

212. 在 X 市，您认为大多数人只要有机会就会利用您，还是会尽量公正地对待您？

　　　　　　　　　　　　　　　　　　　　　　　　　　　　　　　　　　☐

　　　1. 大多数人会利用您　　2. 一半对一半的机会　　3. 会尽量公正地对待您

213. 在 X 市，大多数人不管认识还是不认识的，都是值得信任的？　☐

　　　1. 不值得信任　　　　　2. 一半对一半的机会　　3. 可以信任

214. 您觉得自己属于哪一类人？　☐

　　　1. 农民　　　　　　　　2. 城市外来人口　　　　3. 市民

215. 您会说 X 市的当地话吗？　☐

　　　1. 会说当地话　　　　　2. 听得懂，但是不会说　3. 完全听不懂

216. 在 X 市，您更愿意和什么人交朋友？　☐

　　　1. 老乡　　　　　　　　2. 除老乡外一起工作的外地打工者/经营者

　　　3. X 市市民　　　　　　4. 其他（请注明）_____

217. 根据您的第一反应，回答下面的问题：**如果您可以自愿选择的话**

　　　1. 非常不愿意　　　　　2. 不愿意　　　　　　　3. 一般

　　　4. 愿意　　　　　　　　5. 非常愿意

217.1 您愿意与 X 市市民共同居住在一个社区吗？	☐
217.2 您愿意与 X 市市民做同事吗？	☐
217.3 您愿意与 X 市市民做邻居吗？	☐
217.4 您愿意与 X 市市民做朋友吗？	☐
217.5 您愿意您自己（或您的子女）与 X 市民结婚吗？	☐

218. 根据您的第一反应，回答下面的问题：**如果您可以自愿选择的话**

　　　1. 非常不愿意　　　　　2. 不愿意　　　　　　　3. 一般

　　　4. 愿意　　　　　　　　5. 非常愿意

218.1 您觉得 X 市市民愿意与您同居住在一个社区吗？	☐
218.2 您觉得 X 市市民愿意做您的同事吗？	☐
218.3 您觉得 X 市市民愿意做您的邻居吗？	☐
218.4 您觉得 X 市市民愿意做您的朋友吗？	☐
218.5 您觉得 X 市市民愿意与您（或您的子女）结婚吗？	☐

219. 在 X 市，您在您居住的社区深夜独自行走时会感到担忧或者害怕吗？　☐

　　1. 非常担心　　　　　　2. 比较担心　　　　　3. 一般

　　4. 不太担心　　　　　　5. 完全不担心

220. 您是否希望获得非农业户口？　☐

　　1. 是，希望获得 X 市户口　　2. 是，希望获得家乡所在地非农户口

　　3. 只要是非农户口就可以　　4. 否（*跳问301 题*）原因是_____

221. 如果让您退出所承包土地，您是否还愿意获得非农户口？　☐

　　1. 愿意　　　　　　　　2. 不愿意　　　　　　3. 没有承包地

第三部分　社会关系

301. 您在 X 市的家人或者亲戚有☐☐人，其中 X 市市民☐☐人。

302. 您在 X 市认识的老乡有☐☐人，其中 X 市市民☐☐人。

303. **除前两类以外**，您在 X 市的朋友、同事、熟人有☐☐人，其中 X 市市民☐☐人。

304. 以上人中，住在您家附近的有☐☐人，其中，您的亲属有☐☐人。

305. 在过去的几个月里面，由于私事而不是工作原因与您经常联系的有☐☐☐人。

305.1 他们中，**X 市市民**有☐☐人，是您的家人或亲属☐☐人，老乡☐☐人。

305.2 他们中，在 **X 市市政府工作**有☐☐人，他们是您的家人或亲属☐☐人，老乡☐☐人。

306. 您与您认识的 **X 市市民**是否经常来往，如一起聊天、打牌、喝酒、购物等？

　　　　　　　　　　　　　　　　　　　　　　　　　　　☐

　　1. 每天　　　　　　2. 一个星期 1~3 次　　　3. 一个月 1~3 次

　　4. 一个月不到 1 次　　5. 从来没有来往

307. 您与您认识的**在 X 市政府工作的人**是否经常来往，如一起聊天、打牌、喝酒、购物等？　☐

　　1. 每天　　　　　　2. 一个星期 1~3 次　　　3. 一个月 1~3 次

　　4. 一个月不到 1 次　　5. 从来没有来往

308. 您与您家周围**邻居**聊天的频率是多少？ ☐

    1. 每天   2. 一个星期 1~3 次   3. 一个月 1~3 次

    4. 一个月不到 1 次   5. 从来没有来往

309. 在 X 市，您的亲属、朋友中有没有下列职业的人（有的话在①、②列相应位置打√）？他们中间有没有 X 市市户口的人（有的话就在③列上打√）？是不是来 X 市以后认识他们的（是就在④列上打√）？

职业名称	亲属①	朋友②	市民③	来 X 市以后认识的④	职业名称	亲属①	朋友②	市民③	来 X 市以后认识的④
01 厨师、炊事员					11 理发师				
02 饭店餐馆服务员					12 科学研究人员				
03 家庭保姆计时工					13 法律工作者				
04 制造业/建筑业工人					14 经济业务人员				
05 中小学教师					15 企事业行政人员				
06 个体户					16 工程技术人员				
07 医生					17 企事业负责人				
08 护士					18 政府负责人（科级及以上）				
09 司机					19 政府工作人员（科级以下）				
10 警察					20 社区工作人员				

第四部分　日常行为

401. 您是否知道您在 X 市可以享受哪些政府的政策和服务？ ☐

    1. 是，非常清楚   2. 知道一部分   3. 不太清楚

    4. 完全不知道

402. 您在 X 市是否参加"三险一金"［城市（居民或职工）养老、医疗、工伤保险和住房公积金］？ ☐

    1. 全部都有   2. 部分有   3. 全都没有

403. 您从何种渠道了解政府的有关政策？（**最多可选三项**） ☐☐☐

    1. 亲属/同乡   2. 同事或其他朋友

3. 政府定点宣传或宣传单　　4. 社区宣传/宣传栏/入户宣传

5. 所在企业提供　　　　　　6. 电视/广播

7. 报纸　　　　　　　　　　8. 网络　　　　　　　9. 其他_____

404. 在您的实际生活中，您是否有这样的经历呢？　　　　　　　　□

　　1. 是　　　　　　　2. 否，但有机会也愿意　　3. 否，也不愿意

404.1 您是否关注过 X 市市民的相关问题？	□
404.2 您是否关注过 X 市市政府的相关新闻？	□
404.3 您是否了解过 X 市市政府的一些相关政策和措施？	□
404.4 您是否为 X 市市政府提出改善工作的意见和建议？	□

405. 在 X 市，您是否参加了以下组织？

　　1. 是，组织中有市民　　2. 是，组织中没有市民　　3. 否

405.1 党团组织	□
405.2 工会	□
405.3 非正式组织如各种俱乐部、老乡会等	□

406. 您在 X 市是否参加过以下活动？

　　1. 是　　　　　　　2. 否，但今后若有机会/需要会参与

　　3. 否，也不想/不会参与

406.1 向政府部门、社区求助/投诉/反映问题	□
406.2 上访/集体签名请愿	□
406.3 参加政府、社区组织的座谈会或会议等	□
406.4 罢工、集体抗议等	□
406.5 在网络或微博上发表观点	□

407. 过去的五年，在 X 市的**各级人大选举**中，您是否参加过投票？　□

　　1. 是　　　　　　　2. 否，但希望参与　　　3. 否，也不想参与

408. 过去的五年，在 X 市的**社区居委会选举**中，您是否参加过投票？　□

　　1. 是　　　　　　　2. 否，但希望参与　　　3. 否，也不想参与

409. 在工作和生活中，您是否受到过市民的歧视（被市民看不起）　□

　　1. 有过，且经常发生　　2. 有过，但次数不多　　3. 几乎没有

410. 工作和生活中，您是否和**市民**发生过冲突，您是如何解决的？ ☐

    1. 默默忍受   2. 与他争论（如吵架）

    3. 采取武力行为（如打架）   4. 找朋友或老乡一起对其报复

    5. 找有关部门解决   6. 其他（*请注明*）_____

    7. 没有发生过

411. 工作和生活中，您是否和其他**外来务工者**发生过冲突，您是如何解决的？ ☐

    1. 默默忍受   2. 与他争论（如吵架）

    3. 采取武力行为（如打架）   4. 找朋友或老乡一起对其报复

    5. 找有关部门解决   6. 其他（*请注明*）_____

    7. 没有发生过

412. 在 X 市，您是否遭遇过人身或财产安全受到侵害的事件（如被偷/被抢/打劫等）？ ☐

    1. 是   2. 否

413. 您在 X 市遭遇如拖欠工资等不公平对待或权益受侵害的时候，您是如何解决的？ ☐

    1. 利用法律维护自己的利益   2. 找有关政府部门解决

    3. 诉诸新闻媒体   4. 组织或参与集体抗议

    5. 采取报复行为   6. 虽然吃亏，自己还是忍了

    7. 其他（*请注明*）_____ 8. 没有遭受过

414. 在 X 市，您是否听说或看见在您住所附近发生过以下事件？

    1. 经常   2. 有时

    3. 很少   4. 从未

| 414.1 聚众赌博 | ☐ | 414.3 偷窃、抢劫 | ☐ |
| 414.2 打架斗殴 | ☐ | 414.4 卖淫嫖娼 | ☐ |

第五部分 经济活动

501. 您第一次外出务工是什么时候？ ☐☐☐☐年☐☐月

502. 第一次外出务工以前，您在家乡的职业是： ☐

    1. 务农   2. 本地企业的工人   3. 学生

    4. 待业或家务   5. 个体   6. 参军

    7. 其他（*请注明*）_____

503. 您是否参加过职业技能培训？   1. 是   2. 否   ☐

504. 在来 X 市之前，您是否到过其他城市务工？　1. 是　　2. 否（*跳问507 题*）

□

505. 在来 X 市之前，您在其他县城或城市打工的最后职业（如厨师、搬运工）

是：_____

506. 您初次来 X 市打工是什么时候？　　　　　　　　□□□□年□□月

507. 您最初是和谁一起来 X 市的？　　　　　　　　　　　　　　　□

　　1. 自己单独来　　　2. 随配偶/男（女）朋友来 3. 随家人来

　　4. 随老乡来　　　　5. 其他（*请注明*）

508. 您来 X 市打工的主要原因是：　　　　　　　　　　　　　　　□

　　1. 求学、学手艺　　　　2. 挣钱养家　　　　3. 挣钱结婚

　　4. 结婚　　　　　　　　5. 照顾家人

　　6. 见世面/向往城里的生活 7. 其他（*请注明*）_____

509. 过去 12 个月里面，您有没有身上一分钱都没有的情况，这时您是怎么做的？

□

　　1. 继续找工作　　　2. 在家待着　　　　3. 找个地方待着

　　4. 在街上闲逛　　　5. 回家乡　　　　　6. 没有过

510. 您在 X 市打工期间，做过几份工作？　　　　　　　　　□□份

511. 近半年您在 X 市工作的**月平均收入**有多少元？　　□□□□□元

512. 您从事目前的工作多长时间？　　　　　　　　　□□年□□月

513. 目前，您具体的职业（如厨师、搬运工）是_____

514. 您目前的职业属于以下哪种类型　　　　　　　　　　　□□

　　01. 非技术工人　　　02. 技术工人　　　03. 商业、服务业劳动者

　　04. 个体户　　　　　05. 私营企业主　　06. 办事人员

　　07. 专业技术人员　　08. 企业或商业负责人（如经理、厂长等）

　　09. 党政机关、事业单位负责人　　　　10. 城乡无业、失业、半失业者

　　11. 离退休人员　　　12. 农林牧渔人员　　13. 其他（*请注明*）____

515. 您目前的工作单位的性质是什么？　　　　　　　　　　　□

　　1. 集体企业（含乡镇企业）　　2. 外商独资或合资企业

　　3. 私营企业（8 人及以上）　　4. 个体工商户（8 人以下）

　　5. 无单位（如居民家庭中的保姆、打零工的或摆摊者）

　　6. 国有企业　　　　　　　　　7. 事业单位

　　8. 党政机关　　　　　　　　　9. 其他（*请注明*）_____

516. 您在目前的工作中是否从事管理工作？　　　　　　　　□

　　1. 无管理职务　　　2. 基层管理人员　　3. 中层管理人员

　　4. 高层管理人员　　5 自营

517. 与您在同一单位或同一场所工作的人中，是否有 X 市市民？

  1. 是   2. 否   □

518. 您在目前的工作中是否与单位签订了书面劳动合同？ 1. 是 2. 否 □

519. 您是否掌握目前工作所需要的职业技能？ 1. 是 2. 否（*跳问522 题*） □

520. 您掌握到的这些工作技能主要是从哪里获得的？（*可多选*） □□□□□□□

  1. 自己边学边干   2. 公司/单位内部培训 3. 跟师傅学的

  4. 在学校   5. 政府组织培训

  6. 社会上的职业培训班 7. 其他（*请注明*）_____

521. 从事目前的工作，您获得过国家/省级职业标准的资格认证的最高级别是？ □

  1. 初级   2. 中级   3. 高级

  4. 技师   5. 高级技师   6. 没获得过资格认证

522. 您对目前的工作满意吗？   □

  1. 非常不满意   2. 不满意   3. 一般

  4. 满意   5. 非常满意

第六部分 已婚人群回答，未婚、离婚、丧偶人群不答

601. 您最近一次结婚的时间是（*阳历*）：   □□□□年□□月

602. 您现在的配偶的出生日期（*阳历*）：   □□□□年□□月

603. 您现在的配偶是什么地方人？他/她与您：   □

  1. 同一个村   2. 同一个镇（乡），但不一个村

  3. 同一个县，但不一个镇（乡） 4. 同一个市，但不一个县

  5. 同一个省，但不一个市 6. 外省（*请注明*）_____

604. 您现在配偶的受教育程度：   □

  1. 不识字   2. 小学   3. 初中

  4. 高中（或中专、技校） 5. 大专   6. 本科及以上

605. 您现在的配偶近半年的平均月收入：   □□□□□元

606. 您现在的配偶目前的职业（*若兼职，则只需填写主要收入来源的职业*）： □

  01. 非技术工人 02. 技术工人   03. 商业、服务业劳动者

  04. 个体户   05. 私营企业主   06. 办事人员

  07. 专业技术人员 08. 企业负责人（如经理、厂长等）

  09. 党政机关、事业单位负责人

  10. 城乡无业、失业、半失业者 11. 离退休人员

  12. 农林牧渔人员   13. 其他（*请注明*）_____

607. 您现在的配偶目前在哪里生活？   □

  1. 自己的家乡   2. 配偶的家乡

3. 在 X 市和自己一起住　　　　4. 在 X 市，但不和自己一起住

5. 其他城市

608. 您和您现在的配偶生了几个小孩？　　□个（没有小孩的，请跳问至609 题）

608.1　其中，男孩有多少个？　　　　□个（没有男孩的，请跳问至609 题）

608.2　第一个孩子是男孩吗？　1. 是　　　2. 否　　　　　　　　　□

609. 在您的家庭中，下面这些事务通常以谁的意见为主？　　　　　　　□

1. 自己　　　　　2. 配偶　　　　　　3. 夫妻共同

4. 家里没有这类事情发生

609.1　家庭日常开支　　　　　　　　　　　　　　　　　　　　　□

609.2　购买家电、家具或大型农机具等商品　　　　　　　　　　　　□

609.3　贷款或借钱　　　　　　　　　　　　　　　　　　　　　　□

609.4　家庭投资（如做什么买卖或搞什么项目）　　　　　　　　　　□

609.5　买房子或盖房子　　　　　　　　　　　　　　　　　　　　□

609.6　生孩子（如是否要？什么时候要？要几个？）　　　　　　　　□

609.7　孩子升学或工作　　　　　　　　　　　　　　　　　　　　□

610. 总体而言，在处理各种家庭事务的过程中，谁做最后决定多些？　□

1. 自己　　　　　　2. 配偶　　　　　　3. 一样多

611. 在下列事务的处理上，您是否可以自己做主？

1. 完全不可以　　　　　　2. 基本不可以

3. 基本可以　　　　　　　4. 完全可以

611.1　购买自己用的高档商品　　　　　　　　　　　　　　　　　□

611.2　自己外出务工　　　　　　　　　　　　　　　　　　　　　□

611.3　资助自己的父母或兄弟姐妹　　　　　　　　　　　　　　　□

612. 您是否同意以下观点？

1. 非常不同意　　　　　2. 不同意　　　　　3. 既不同意也不反对

4. 同意　　　　　5. 非常同意

612.1　男人在外面挣钱，女人在家里照顾家庭是天经地义的　　　　□

612.2　家里的大事应该由男人说了算　　　　　　　　　　　　　　□

612.3　当妻子在外面工作时，丈夫和妻子应该共同承担家务　　　　□

后　记

　　随着中国的工业化与城市化进展不断加速，大量的农村剩余劳动力进入城镇，形成了新兴的农民工群体。三十余年来，农民工已经成为中国产业工人的主要组成部分，也为城市第三产业的发展和繁荣提供了充分的劳动力，成为"中国经济繁荣发展的活力之源"。据相关调查发现，1995年全国约有8000万农民工在外打工，而到2014年国家统计局公布的《2014年国民经济和社会发展统计公报》显示外出农民工已经超过1.68亿人。农民工占城市人口的比例逐年增加，其已经成为城市人口最重要的组成部分。随着农民工的规模不断扩大，农民工市民化问题逐渐成为公共管理领域中极具挑战性的研究课题，也是我国构建和谐社会过程中不可回避的问题。

　　农民工市民化是中国城镇化建设的核心和关键，政治市民化是经济市民化、社会市民化的制度保障，政治融入是政治市民化的本质。2014年《国家新型城镇化规划（2014～2020年）》强调"以人的城镇化为核心，有序推进农业转移人口市民化"，并在"有序推进农业转移人口市民化"的表述中把"提高各级党代会代表、人大代表、政协委员中农民工的比例，积极引导农民工参加党组织、工会和社团组织，引导农业转移人口有序参政议政和参加社会管理"作为农业转移人口市民化的重要任务。这在一定程度上反映出城镇化的政策调整在制度设计上体现了政府对农民工在城市缺乏政治权利的重大关切。另外，党的十八大报告也指出"充分发挥群众参与社会管理的基础作用，完善和创新流动人口和特殊人群管理服务。正确处理人民内部矛盾，建立健全党和政府主导的维护群众权益机制，畅通和规范群众诉求表达、利益协调、权益保障渠道"。把建立群众的政治参与机制、拓宽政治权利表达渠道以及民主权利实现等作为政治民主建设的重要任务。而作为城市人口重要组成部分的农民工群体的政治权利，也理应成为城市民主建设的重要内容。这为农民工政治融入在制度上给予了重要的保障。

从农民工政治融入研究的现状来看，现阶段农民工政治融入研究仍然偏少，在理论和实证研究中都存在着明显的局限。理论方面的局限主要体现在以下两方面。一方面，在概念界定上多采用赋权理论的观点，把农民工视为城市无权群体，需要通过政府赋权实现其政治融入。但是从目前的法律规定和农民工群体的政治权利的实践来看，他们在城市是有政治权利的。这种基于赋权理论的假设与现实是不完全相符的。另一方面，在对农民工政治融入的影响因素分析中，虽然已经吸收了来自西方移民研究的社会化理论和社会资本理论研究经验，但是其中国本土修正还不够，缺乏系统的理论分析框架。在实证方面，现有的实证经验基本来自对政治参与的解释，而政治认知和政治信任的影响因素研究还十分缺乏。目前研究主要是从社会资本、社会经济地位、流动经历、政治文化、人口特征以及党员身份展开的，而尚未对制度排斥、社会排斥、留守随迁经历等一系列关键性影响因素进行验证。因此，无论在理论研究层面还是在实践应用层面，以概念的重新构建为基础对农民工政治融入问题进行探讨都是十分必要的，本书就此做出努力。

西安交通大学公共政策与管理学院新型城镇化与可持续发展课题组（原流动人口课题组）一直致力于中国农民工问题的研究。在过去的几年里，我们持续关注农民工市民化问题。本书是农民工市民化研究的重要成果之一，从农民工政治认知、政治参与和政治信任三个维度对农民工政治融入进行分析，揭示了现阶段农民工政治融入的水平，指出了影响农民工政治融入的关键因素。我们希望本书的出版，有助于读者对农民工政治融入的认识，并为政府相应政策的出台提供借鉴和依据。

本书的调查数据是西安交通大学公共政策与管理学院新型城镇化与可持续发展课题组（原流动人口课题组）师生精诚协作的成果，杜海峰教授、靳小怡教授、白萌老师和杜巍老师负责调查的组织和协调，而任锋、李成华、谢雅婷、蔡萌、郭秋菊、牛静坤、张锴琦、崔烨、井文、叶书彦、惠雅婷以及韩雪等同学则为本文的数据采集做了大量工作。感谢课题组师生的辛勤劳动，也感谢国家统计局陕西省调查总队的大力支持。西安交通大学靳小怡教授、白萌老师以及厦门大学任锋老师为本书的撰写提供了非常宝贵的意见和建议，在此向他们表示衷心的感谢。本书的研究和出版得到了湖南师范大学政治学省级重点学科、湖南师范大学博士科研启动基金、湖南省社科基金（15YBA259）、国家社会科学基金重大项目（13&ZD044、15ZDA048）、国家社会科学基金重点项目（12AZD110）、国家社会科学基金西部项目（11XRK006）的支持，在此一并致谢。

　　由于作者水平有限，书中有不妥之处在所难免，恳请读者批评指正。

图书在版编目（CIP）数据

城市融入视角下的农民工权利研究／刘茜，杜海峰
著 . -- 北京：社会科学文献出版社，2017.10
ISBN 978 - 7 - 5201 - 1123 - 2

Ⅰ.①城… Ⅱ.①刘… ②杜… Ⅲ.①民工－权益保
护－研究－中国 Ⅳ.①D923.804

中国版本图书馆 CIP 数据核字（2017）第 168585 号

城市融入视角下的农民工权利研究

著 者／刘 茜 杜海峰

出 版 人／谢寿光
项目统筹／周 丽 王楠楠
责任编辑／王楠楠 汪 涛

出 版／社会科学文献出版社·经济与管理分社（010）59367226
地址：北京市北三环中路甲 29 号院华龙大厦 邮编：100029
网址：www.ssap.com.cn
发 行／市场营销中心（010）59367081 59367018
印 装／三河市尚艺印装有限公司

规 格／开 本：787mm × 1092mm 1/16
印 张：14 字 数：238 千字
版 次／2017 年 10 月第 1 版 2017 年 10 月第 1 次印刷
书 号／ISBN 978 - 7 - 5201 - 1123 - 2
定 价／79.00 元

本书如有印装质量问题，请与读者服务中心（010 - 59367028）联系